時報出版

The Total Money M
A Proven P

從擺脫負債到安穩退休的
理財7步驟

躺著
就有錢的
自由人生

權威理財顧問
戴夫·拉姆齊
Dave Ramsey
著

陳映竹——譯

獻給我美麗的妻子雪倫，
是妳陪我攜手走過金錢大翻身的旅程——親愛的，我愛妳。
獻給各地的超級明星們，
你們「忍人所不能忍，
讓自己過上了人所不能及的生活」，
並且有勇氣面對鏡中的自己、
面對這個文化、自己的家人和親友。
你們在心理層面和個人錢包都做了一次勇敢的金錢大翻身，
你們現在都是如假包換的超級大明星。
獻給戴夫·拉姆齊的團隊，
以及湯瑪士·尼爾森出版團隊，
感謝你們在這個出版計畫上孜孜不倦，
讓廣大的讀者有緣見到本書的問市。

推薦序

在財務上，我們經常會聽到一些模糊的觀念。

有些人跟你說債務是好事、讓你可以運用槓桿，有些人則覺得債務是壞事、是負擔和壓力。

有些人跟你說應該買終身型的保險保障比較大，有的人則告訴你不要買終身型保險。

有人跟你說大學學貸利率很低，應該多借一些慢慢還，有的人則告訴你應該盡快還清。

有人跟你說真的不行就宣告破產，有些人則告訴你無論如何盡量不要尋求破產保護。

這些問題乍看之下似乎沒有標準答案，但其實每個抉擇的背後，都隱含了某種價值觀，這些價值觀最終形塑了我們的財務思維，也造就我們的財務現況。

本書作者戴夫曾經陷入財務泥沼中再爬起來，讓他對於解決財務問題有著非常堅定不移的價值觀，他透過本書逐一破解許多迷思，想要告訴許多債務纏身的人如何擺脫負債，以及如何一步步解決自己的財務問題。

如果你想過上一個無債一身輕的人生，那麼可以感受一下本書所傳遞的價值觀，我想會十分有幫助。

——**Mr. Market** 市場先生／財經作家（www.rich01.com）

我從二〇一六年就開始接觸到戴夫的書，他的存錢還債方式也幫助了很多我的粉絲。

不想透露太多書中的內容，你要親身看過才知道他的含義，為什麼戴夫會這樣設計，其實都是有原因的。

從存一個月的緊急預備金開始，再去還債，會有人質疑一個月夠嗎？但其實他的用意不是說你只需要存一個月的預備金，他是要你用最快的速度趕快存到錢來防止自己又繼續去欠債。現在有很多人連一個月的生活開銷都拿不出來，所以只要你能做到這個步驟，你已經比很多人還要厲害了。

當你完成這個步驟，你可以接著進行第二、第三、第四步驟，看似簡單幾個步驟，但做起來並不容易，需要很多的堅持和毅力。

雖然我的投資觀念和戴夫截然不同，但個人財務管理這個部分，如果跟著戴夫做就足以改變一個人的人生了。

我跟戴夫一樣是保守派的，我不愛使用信用卡來存積分，我也不愛貸款來買我負擔不起的跑車，我存大部分的收入替未來做投資規劃，這些都是跟戴夫很相似的。很多人聽到不要用信用卡，就會反駁說：「信用卡不是可以累積點數嗎？不是可以增加信用分數？」等等，但如果你對於卡債很有自制力，你應該就不會拿起這本書，這本書是給想要改變自己財務狀況的人，擺脫負債人生，Forever。

——**Yale Chen** ／投資理財人氣 YouTuber

現代人的生活與金錢有著密不可分的關係，不同的管理、運用與看待金錢方式，將會大大影響每個人的一生。在此書中，作者分享了許多常見的金錢迷思，藉此告訴讀者正確的理財思維，希望能減少大眾走在冤枉路的時間。不過僅僅擁有知識是不夠的，因為「要在金錢方面取得勝利的條件是八〇％的行為加上二〇％的知識」。現在就開始行動吧！

　　透過閱讀這本書，打理你的財務狀況，設定你的財務目標，逐步完成每個階段任務，迎向更自由的人生。

──陳逸朴／小資 YP 投資理財筆記

目次 ✋

　　讀一讀因為這本書而改變人生的故事吧！老實說，我建議你先跳過這本書的其他部分，先去閱讀那些人的故事。這些故事會激發你一口氣讀完的動力，也會激勵你起身實踐「確實有效的財務健身計畫」。

　　多年前，我被賦予一項使命：讓人們看清債務和金錢的真相，並給予人們希望以及必要的工具，協助他們達到財務自由。剛開始，我透過一些演講和一本名為《財務上的平靜》（*Finalcial Peace*）的小冊子執行這項任務。後來，一家紐約的書商出版了這本書，成為我第一本登上《紐約時報》暢銷榜的書。我也開始在地方電台做一個小小的廣播節目，這個廣播電台目前已經成長為擁有四百五十個站台的規模，每週都有上百萬的聽眾收聽。我們也開始傳授一套為期十三週的課程，名為「財務平靜大學」，總共有一百萬個家庭參與了這套課程；緊接著，《躺著就有錢的自由人生》便問世了。

　　我很確定，個人財務狀況有八〇％仰賴行為，只有二〇％是靠腦袋瓜裡的知識。我們如果專注於行為──大多數人都很清楚在金錢方面該做些**什麼**，卻不知道該**怎麼**做──在看待個人財務狀況時就會有不一樣的角度。很多金融界的人會秀數字給你看，認為你就是搞不懂中間的運算。但我可

以斷定的是，我在金錢上摔跤，問題在於鏡子裡的那個傢伙。如果他夠乖，就可以在金錢這檔事上成功。建立財富的數學和計算並不深奧；那些都很簡單——但你要**去做**。

我要教的這套財務健身計畫之所以能大獲成功，並非因為我發現了什麼了不起的致富祕密，也不是我在信用卡上有了什麼前所未有的大發現，也不是因為我是唯一一個提倡「雪球式還債」計畫的人。這份有效的計畫之所以能在各地造成影響，是因為我意識到一件事：**理財之前，要先理人。**要改變你的金錢狀況，你本身就要有所改變。你需要改變你的生活；一旦你的生活方式改變了，你將以不可思議的速度甩開債務、進行投資，並有能力捐贈。當你閱讀本書裡的故事，不會讀到關於數學的神奇公式，只會看到生活的改變。你會讀到婚姻和人際關係的轉變，因為當你改變了生活，你的人生肯定有所不同。

因此，當湯瑪士・尼爾森出版社的執行長麥克・凱悅（Mike Hyatt）將《躺著就有錢的自由人生》這本書的概念帶到我面前的時候，我非常興奮，因為我知道這本書可以為讀者帶來啟發，立刻起身行動，這套循序漸進的簡單流程，一定可以徹底改變讀者的人生並帶來豐碩的成果。希望——隧道盡頭的光，而非迎面而來的火車——是一種非常強大的力量。《躺著就有錢的自由人生》已經把**希望**帶給數十萬個家庭。這本書讓他們有了獲勝的希望，而這份希望讓他們有所

行動，進而在財務困境與焦慮中獲得最終的勝利——並且是實實在在的**勝利**！有為數驚人的讀者告訴我，這是他們近十年來讀的唯一一本書，《躺著就有錢的自由人生》正是一本老少咸宜、適合每個人的書。高收入者可以讀，如同現在的我；正要從谷底翻身的人也可以讀，猶如過去的我。

你會讀到一套流程、一份確實有效的計畫，目標是勝利。你會發現這個計畫簡單卻具有啟發性。其中的原則並非我發明，是我從上帝和奶奶那裡學來的，這些原則都是常識，只是不再那麼普遍了。計畫是我擬定的——但我也不是什麼天才——我在觀察了上萬種不同的人生後制訂了這份計畫。那些人是我透過廣播、電視、書籍、課堂、網路、電子郵件、播客（podcast）以及在現場活動中所接觸到的。我成功地把與金錢有關的常識包裝成一份人人都可以實踐的計畫，而且好幾百萬人已經付諸實行。

二十年前，當我剛開始談論這些原則，我只知道它們幫助了我和妻子雪倫撐過破產、邁向繁榮的人生。在我以金錢為主題發表前一百場演說時，我對這些原則並不像現在如此有信心。今天，我已見證了許多人按照這份計畫改變自己的人生，我可以帶著自信面對他們。我對此心懷感激，我不僅給了他們一份有效的計畫，也激勵了他們去改變代代相傳的家族命運。

我對於《躺著就有錢的自由人生》的這套流程相當有信

心，以至於希望人人都知道這些內容。我釐清了一些理財迷思，運用了一些日常常識，已經說服了好幾百萬人改變他們的生活——進行了一場徹徹底底的金錢大翻身。下一個會是你嗎？

買這本書之前，請先讀這一段

這本書不是在講……

　　你可能很難相信，但我收到了很多惡意郵件和批評。我在這本書中提到或者沒提到的內容，招致一些攻擊。這很有趣，不是因為我寫書是為了要冒犯他人，也不是因為我喜歡閱讀那些攻擊文字；我說有趣，是因為這些負面批評意味著兩件事：第一，對某些人而言，我觸碰到了一些需要被觸碰的敏感神經，為了迫使他們改變自己的生活；第二，我充滿熱忱且積極地在追求真相。（亞里斯多德曾說：「不想被批評，那就什麼也別說、什麼也別做，一事無成就行了。」）我也可以選擇什麼都不說、什麼都不做，但如此一來就無法協助這麼多人扭轉人生。因此，我把那些惡意的批評，都當成是一種鼓勵。

　　我的出版商建議我「回應那些批評」，但我無法遵從。我母親曾說：「強摘的果子不甜。」但親愛的讀者，我不希望你被誤導，因此，我應該要告訴你這本書**不是**在講些什麼。如此一來，你就可以自行決定要不要把辛苦賺來的錢花在這本書上面。

這本書既不高深也不複雜

如果你在找的是一本很詳盡、很深入的投資指南，在這本書裡是找不到的；如果你在找的是無聊又學術性的長篇大論，那種為了突顯作者的自尊、光是用文字就足以讓你睡著的書，這本書也不是你要的。這本書裡有我發現的一件事：那些最深刻、最能改變人生的真相，通常都很簡單。

我們的文化崇尚複雜又高深的事物。如果你知道怎麼操作你的影音設備，那麼你的設備可能不是很頂級。在金融的世界裡，我們被教育成傲慢的勢利眼，有些人認為簡單的概念不夠深入，是給「平庸的人」看的。這是高傲且錯誤的觀念。我接觸過成千上萬的富翁，幾乎每一位的投資和理財哲學都非常簡單。就在這星期，我與某位資產淨值超過兩千萬美元的友人討論投資和業務結構，他對我說：「我喜歡保持簡單和乾淨的原則。」只有那些金融傻瓜才喜歡把事情複雜化，藉以證明他們的存在有其必要，或合理化他們為了接受金融教育所支付的高額學費。請不要在這本書裡尋求一份用來制訂財產計畫的詳細指南或深入的投資理論，我不是做那行的。我所做的是，幫助人們理解和實踐在金錢上禁得起時間考驗的真相，這些真相將有助於你扭轉財務狀況。

這本書沒有什麼空前絕後的概念

現今有許多書寫金融相關書籍的專業作家，以前甚至更

多。你在這本書裡面讀到的，幾乎沒有什麼東西不是某人已經寫過或說過的。我經常在節目中笑說，我給的理財建議跟你奶奶的建議可能是一樣的，不同的是我會堅持不懈去實踐。我建議你像我一樣多去閱讀不同人的著作，我在金錢領域幾乎沒發明什麼新東西，只不過是把這些通過時間考驗的資訊打包成一套可執行的流程，激勵了數百萬人付諸行動而已。大多數的人都知道該做些什麼，偏偏就是知易行難。要如何減重？少吃多動，這我知道，而且還買了兩本這方面的書籍，也讀了，並且照做了，然後我瘦了十三多公斤。這些書有告訴我什麼艱深且空前的概念嗎？沒有，它們只是給了我一套行動計畫，以及針對我必須做的事情補充一些細節，僅此而已。歡迎進入我的世界。

這本書不是要誤導你對投資報酬率的理解

做好投資可以帶來可觀的報酬，有些人在這方面還是缺乏足夠的認識。有許多聰明的人，只是因為自己不知道，就認定在長期投資維持一二％的投報率是不可能的。如果我宣稱可以做到，就認為我是在撒謊或誤導。

在本書中，我推薦你選擇優秀的成長型股票共同基金作為長期投資，隨著時間的推移，你的投報率應該會達到一二％。你可以在標準普爾五〇〇的歷史平均值中看到數據來支持這種說法。標準普爾五〇〇指數普遍被視為美國股市

的最佳單一指標，它是美國經濟主導產業裡的前五百家最大公司的指數。截至撰寫本文當下，標準普爾五〇〇過去八十幾年來，每年的平均值是一一・六七％，包含二〇〇八年的市場大蕭條在內。大多數專家以及任何只要上過一門財金相關課程的人，都會同意標準普爾五〇〇是衡量股市報酬率的一個重要統計指標。這個數據很標準，堪稱風向標，以至於每支股票基金都會展示與標準普爾五〇〇指數相較的報酬率如何。

我多年前買過一支成長收益型股票的共同基金，現在仍持續投資持有，從一九三四年起（距我下筆的此刻已有七十五年了），它的平均年報酬率是一二・〇三％。上週，我又購入另一支同類型的基金，這支的報酬率自一九七三年截至我寫作的當下，年平均值是一三・九％；還有一支從一九八四年起的年平均報酬率是一二・〇一％；另一支自一九七三年起的平均值是一二・三九％；還有一支自一九五二年起的平均值是一一・七二％。任何為人正直且懷有師者之心的股票經紀人，閉著眼睛都可以帶領你在**長期投資**上保有一二％的投報率。所以，當你考慮的是十年甚至更長期的投資，不要讓任何人告訴你，一二％的投報率是不可能的任務。

這本書不是某個缺乏學術訓練的人寫的

我鮮少一一列舉我的學術背景，因為我真心不認為這有什麼重要。我認識很多不怎麼富有的人，他們都接受過財金教育，數量多到讓我認為受過正式教育，不代表你在金錢上就可以做對選擇。沒錯，我有財金相關的學位；沒錯，我已經或正在取得不動產、保險和投資方面的證照；沒錯，我可以在自己的名字後面加上很多愚蠢的頭銜；但是最讓我有資格來教你金錢知識的，是我曾經做過的蠢事，而且涉及的金額可不小。我曾經處在那個境地，自己也犯過錯，我擁有**愚蠢**這個領域的博士學位，我知道既驚恐又無助是什麼感受；我知道因為財務壓力導致婚姻岌岌可危是什麼景況；我知道因為自己的愚蠢決定導致希望和夢想都付之一炬是什麼處境。是**這些**，讓我特別有資格去教導並關愛那些同樣在金錢上摔跤的人。另一個讓我有資格這麼做的重要原因是，我教導的所有原則，我都親自實踐過，並依此建立起自己的財富。我們夫妻倆真實經歷過書中所寫的所有內容，它們不是理論——是我們的真實人生。

然而，我最確信且讓我愈來愈有資格教導他人的，還是那成千上萬個故事，那些遍布各地、因為這本書而財務自由的人們。

這本書不會是政治正確的

我之前說過，個人財務狀況有八〇％取決於行為。為了好好檢視自己的行為，並深入了解如何聰明地改變行為，一定要把下列層面納入考量：情緒、人際關係、家族、社會經濟，以及靈性上的影響。在討論金錢行為的改變時，如果忽略以上任何一點，都是不完整的。我在本書也會提及靈性部分。我自己是一名基督徒，所以在書中引用了一些聖經經文，但這不是一本「基督教」的書，當然也不是以金錢為主題的聖經研究，而是一本介紹財務健身計畫的書，這是我和團隊過去二十年間發展出來的計畫，當中也涵蓋了與金錢相關的靈性議題。那些因為我在教導過程納入靈性思考而不喜歡這本書的人，還有那些認為我寫作內容不夠靈性的人，不論你是屬於哪一邊，我已經把話說在前頭了。

這本書說的沒有錯

不要把自信與傲慢搞混了。我有信心本書的內容是實用的，因為有很多人已經受益。但我並不傲慢，因為我很清楚任何一個人的改變都不是因為我。我傳授的這些內容是真相，是這些真相改變了這些人。面對同樣的問題，我會給出相同的答案，即便有時候有些人認為自己的情況有所不同，但事實上並沒有。這些真相不會變，而且屢試不爽。

這本書跟我其他書都不一樣

當我們著手進行《躺著就有錢的自由人生》出版計畫，有一個關乎誠信的問題必須回答：我們可以要讀者去購買另一本內容相同的書嗎？憑良心說，我不能做這種事。在我寫作的當下，《財務上的平靜》已經銷售近兩百萬本，我真的有需要再寫一本嗎？我得出的結論是，這兩份出版計畫有明顯的不同。《財務上的平靜》討論的是「要拿錢去做什麼」；在金錢管理的常識方面，這是一本很好的參考書。那麼《躺著就有錢的自由人生》哪裡不一樣呢？比起「做什麼」，它更是一份「怎麼做」的計畫書。這是一本關於理財步驟的書，我的目標是把理財資訊和能激勵你去行動的故事，打包成一個循序漸進的計畫。沒錯，你會在這本書讀到我在其他書裡提過的原則，但本書的不同之處在於，它是一本流程導向的書。

如果你在尋找的是大量新資訊，因為你喜歡蒐集數據和事實，那這本書不是你的菜。如果你希望在財務自由的路上迎頭趕上，那你會對這本書愛不釋手。許多《財務上的平靜》的讀者告訴我，《躺著就有錢的自由人生》讓他們熟悉的概念更具說服力，當他們讀到這本書時，依然心存感謝。

這本書沒有收到任何實踐者的抱怨

從來沒有人寫過這種訊息給我：「我成功達成預算目

標、擺脫債務，並且跟另一半達成共識累積財富 ── **我太痛恨這一切了。**」按照這套理財步驟去執行並且獲得自由新生活的人，人生就此翻轉了！你也可以經歷同樣的**轉變**，成為別人耳聞的成功故事。就從今天開始，啟動你的金錢大翻身計畫！

飛天火雞和沒穿褲子的人

小時候，我的奶奶 ── 教小學二年級的老師，也教戲劇 ── 會讓我坐在她的腿上，唸書給我聽，她唸書的時候充滿熱忱，而且有著滿滿的戲劇性。

她為我唸的兒童故事中，包含三隻小豬的故事。有隻小豬蓋了一間茅草屋，一隻蓋了木頭房子，另一隻蓋了磚房。你一定聽過這個故事 ── 房子蓋得「快又潦草」的那兩隻小豬整天偷懶、玩樂，還嘲笑專心砌磚的那隻小豬，因為牠花太多時間和精力去做事。自然，當風雨來襲時，那兩隻短視近利的小豬只好搬去牠們兄弟那邊住。為什麼呢？因為那隻小豬做好了準備，足以讓牠安然度過狂風暴雨。而另外兩隻，則是發現自己的生活徹底毀滅。

真正的經濟風暴

二〇〇八年，一場巨大的經濟風暴襲擊了美國 ── 以及

全世界。與經歷過的所有風暴一樣，唯一倖存下來的只有那些做工精良、根基穩固的房子。其他的都被風暴捲走了。踏實的好建商存活了下來；而未妥善營建的公司成為歷史。許多曾經偉大的企業都拋棄了原本堅實的基礎，投機於糟糕且具高風險的投資，背負了山一般的債務。這些公司中的大多數，現在都已走入歷史或改朝換代了。

怎麼會這樣呢？對了，這本不是經濟學教科書，我們不會去一一拆解每個細節。然而，藉由知曉這個事件，並從中獲得一些經驗值，對於你的金錢大翻身具有教育意義。如果從飛行於九千多公尺高空的機上俯瞰，可能會是這樣一番風景：

深陷財務困境的潦倒者，以極差的方案和高利率從貪婪的銀行家借貸買房。這些貸款非一級（優質）貸款，準確的說法為次級貸款，意思就是這些抵押貸款條件理所當然沒那麼好。

這種剝一層皮的借貸一直以來都有人從事，只是不曾如此大規模地發生。為了賺取更多利潤並維持手上的股價上漲，銀行與投資銀行開始大量收購這些貸款——他們真的買了很多。這種早幾年前在投資界看來難以想像的做法，在當時卻變得很普遍。

那些曾經合法、正派的大型銀行和投資銀行，基本上變成了使用複雜金融工具的高利貸業者。多年來，房貸業都會

將優質貸款打包，以債券的形式販售。你可能聽過房利美抵押債券；曾經，它把優質的房利美抵押貸款包裝在一起，作為單位或債券出售。然而，在那段充斥著愚蠢的時期，次級（不好的）貸款也被打包成債券出售——**為數可觀**。

我們生活在一個因果關係的世界裡。你種什麼因，就會得什麼果。當事態出現了令人震驚的變化，破產的人沒有支付他們的貸款（多麼諷刺啊），出於某種不明的原因，這似乎讓那些貪婪的銀行家大吃一驚！驚訝嗎？身無分文的人無法支付高到荒唐的房貸，始料未及吧！

但是，最大的問題還是在於規模。很多身無分文者繳不出貸款。因此，法拍屋的數量開始急遽上升，在一些房價被操作得高上天的新興市場，法拍屋開始把房價往下帶，愈帶愈低、愈帶愈低。

隨著價格跌到一個程度，那些相對安全且負責任的房屋所有人也開始陷入困境。恐懼之情在華爾街爆發，股票開始下跌；當這股恐懼蔓延到華盛頓時，已然成為一場全面爆發的恐慌。而當這股恐慌蔓延到新聞媒體上時，就變成了群眾歇斯底里式的恐懼。

消費者每天都會看到這場歇斯底里的混亂在電視上播放著。隨著他們的退休帳戶以及房屋的貶值，他們明智地決定，這可不是繼續像喝醉的國會議員那樣揮霍的好時機。

當我們不再愉快地購物，經濟的轉速就會慢下來，各家

公司於是開始出現傷亡。那些債台高築且現金周轉不靈的公司首先陣亡。**許多**公司幾乎都是在一夜之間就消失了。人們不再購買洗衣機和烘衣機，因此洗衣機和烘衣機的製造商陸續資遣員工，導致失業率上升。這自然造成不斷的惡性循環，迫使房價跌到空前的低點。

好消息

好消息是我們**已經**恢復，也會**持續**地成長。許多人在個人層面上，都學到了慘痛的教訓；有些人，則是在影響範圍更廣的國家層級學到了關於經濟的一課；也有很多人，什麼也沒學到。

更棒的消息是，對你們當中的某些人來說，從情緒層面來看，這個事件就是你個人的大蕭條。經濟大蕭條永久地改變了許多人處理金錢的模式。如果你有在當時已經是成年人的祖父或是姨婆，他們看待債務、儲蓄以及贈與的方式，和其他世代中絕大多數的人可能會完全不同。這是因為這些親愛的家人經歷過那樣的經驗。一如我的牧師所言：「有經驗的人，可不會任由只是出一張嘴的人擺布。」

二十年前我破產了，那樣的經歷改變了我的人生。過去二十年來，我把這本書裡的原則運用在我的生活當中，因此二〇〇八年風暴襲來之時，我只是個旁觀者。那場風暴一點都沒有對我造成傷害。實際上，我還加碼，在房市股市雙雙

跌入谷底時，用很漂亮的價格購入不動產，並大舉投資股市。

我花了二十年的時間想要讓人們力行《躺著就有錢的自由人生》裡的原則，很多人聽進去了，因此當風雨來臨，他們也跟我一樣做足了準備、紮穩了根基。

飛天火雞

這些資訊對於你的金錢大翻身意味著什麼？這場經濟風暴帶來的第一課就是，你處理財務的原則和流程，在經濟順境和逆境時，都要發揮作用——否則，即是無用。我們的經濟長時間都處於很好的狀態，以至於有些愚蠢的點子可能在短期上會有用，使得人們誤把愚蠢當聰明；換句話說，好一段時間以來，這些愚蠢的做法都沒有被拿去進行壓力測試；而等到壓力最終出現時，結果就是它們看起來真的很愚蠢。

當經濟欣欣向榮，你可以用錢去做些蠢事，冒極大的風險而不自知。我聽過這種說法：「即使是火雞，也能在龍捲風裡飛起來。」人們四處奔波，用他們並不擁有的錢購買他們負擔不起的事物，為的只是讓那些甚至自己也不喜歡的人對他們刮目相看；而且相當大手筆，更糟的是，他們似乎都全身而退了！

他們就像那兩隻蓋出稻草屋和小木屋的小豬：只要陽光普照，生活就是一場派對，而那隻蓋磚房的小豬看起來有點呆，或者是過度保守，甚至有點過度執著。但是當前兩隻小

豬的愚蠢理論遇到壓力測試時，牠們的房子就塌了。

美國最偉大的商業作者之一，詹姆·柯林斯（Jim Collins），出版過一本書：《為什麼 A+ 巨人也會倒下》（How the Mighty Fall），他討論到企業走下坡或倒閉時的五個階段，這可以應用在我們國家的經濟上，也可以應用到**你我**的生活當中。

柯林斯說，衰敗的第一階段是驕矜自大。自負以及傲慢，再加上自以為無敵的錯誤認知，會讓那些巨人去冒一些極大且荒唐的風險。放到我們身上來說，就是去借貸很多錢，卻完全不儲蓄，因為「我的工作很『穩定』，我的『工作所得』可以負擔得起那些『小小的支出』。」

驕矜自大會讓你變得草率，並且否認風險的存在。嘿，這聽起來很像二十年前的我──就在我破產之前，那時有人對我灌輸了一套迷思──而我卻將那些奉為金錢的真相。我自認為很聰明，風險的法則和限制並不適用於我，導致我搭了一座紙牌屋，連風暴都稱不上的一陣輕風吹過，就讓我的紙牌屋應聲而倒。

這裡的教訓如下：只因為你看龍捲風裡有一隻火雞在飛，並不代表火雞會飛。某些瘋狂的投資、借貸理論，以及不留預備現金的生活方式，在經濟好的時候行得通，並不表示你能在暴風雨中生存下去。要記得，你處理金錢的方式無論在好時節**和**壞時節，都要行得通。

沒穿褲子的人

華倫·巴菲特（Warren Buffett）有句偉大的名言：「潮水退了，就知道誰沒穿褲子。」許多年來，我都在傳授一個觀念：如果你手上拿了一張很爛的地圖，那你就會在派對上遲到——或者完全錯過。你根據什麼樣的原則來建構你的人生，會決定你最後成功的等級。如果你用一套爛方法或是一組很爛的假設來規劃你的婚姻關係，那麼你可能會以失敗作收，我在很久以前有過這樣的親身經歷。最近的這次經濟衰退，讓更多人發現他們的金錢觀與對於金錢運作方式的假設都是錯的。他們自慘痛的經驗中發現到自己的錯誤——透過切身的痛苦。

由於一切順利，超支**感覺**起來不像超支，但實際上還是超支。舉債投資不動產或股市，希望快速獲得回報，可能會讓你在市場崩盤時瞬間破產。追逐新的快速致富騙局，像是彩券或者投資黃金，總是會為你帶來失望。聘請某個人來修正你的人生——諸如某些債務清算公司——幾乎是行不通的。

那些迷思——我們的文化所散播的**謊言**——在這本書的舊版本中皆有述及，也**全部**被這場經濟衰退驗證了。如果你按照我在這本書中所傳授的方法生活，那麼不管時節是好是壞，你都會生生不息地成長茁壯。

我有個朋友，我們都叫他克里斯。克里斯在經濟正蕭條的時候跟我說了一個有趣的故事，這個故事完全展現出我正

在向你強調的事。克里斯在一家大型集團工作了十三年，這個集團你一定聽過。他大約是在七年前開始進行金錢大翻身。二年前我見到他的時候，他帶著燦爛的笑容跑向我，並且給了我一個大大的擁抱，驕傲地表示他已經「**無債一身輕**」了，包括他的房貸。他完全零債務，並且存到了三萬八千美元的緊急預備金。

那次相遇的一年後，我又再見到他，而他又跟我分享了另一個有趣的故事。那星期，他的朋友——他的主管——面色蒼白、嘴唇顫抖地到他的辦公室找他，說道：「我不知道要怎麼跟你開口，但是集團要我資遣你。」克里斯從椅子上跳了起來，走到桌子前，給了那位朋友一個大大的擁抱，說道：「太棒了！資遣費有多少？」

公司付給他超過七萬美元的資遣費，他當時正想創業自己開公司——他想做這件事已經很多年了。他並沒有感受到壓力，而是看到了機會，因為他已經準備好了。他將在今年的新業務中，賺進幾乎兩倍於他以前薪水的收入。真是太厲害了。

但是，大多數的人都是從另一個角度來看事情，當他們聽到要被資遣的消息時，面色蒼白、嘴唇顫抖的通常是**他們自己**。如果你失去了工作，而且正在苦苦掙扎，我不是故意要刺激你。我經歷過苦日子，但當我面對自己愚蠢的決定和缺乏準備所帶來的痛苦時，我大聲地宣布：「**絕對沒有第二**

次！」，我希望你也這麼做。下次……嗯，不會有下次了。

因此，我替你做的禱告是，不管最近的這次經濟衰退帶給你怎樣的恐懼和痛苦，你都可以從中學習。還記得那些愚蠢的財務手段慘遭壓力測試，結果看起來……相當愚蠢的那天吧。

我遇見過許多經濟大蕭條時期的孩子，他們有好好地記取教訓。他們現在過得很富裕，並且只會承擔經過仔細計算的風險。比起你，他們見過的極端經濟狀況要多太多了。但我們仍然可以學到教訓，並且不再被捲入經濟危機的風暴裡。是時候進行金錢大翻身了，你準備好了嗎？

第一部

致富的迷思
與真相

第一章
金錢大翻身挑戰

　　「就像迷失在茫茫大海中央！」這正是我的感受。雖然已是二十年前的事了，那種感覺依然刻骨銘心，恍如昨日。我感到失控、迷失、無力，恐懼宛如嚴寒冬日午後的陰影，悄悄攀牆而上，蔓延整個房間。當我再次入不敷出地坐在廚房餐桌前，可不是什麼有趣的事。妻子指望你負擔家用，孩子們期望溫飽，這些「成人」的責任當時我無力承擔，我完全感覺不到自己是個有能力的成人；反之，我內心有個非常害怕的小孩 —— 害怕著這個月的帳單、這個月的貸款，想到未來尤其恐懼 —— 我要怎麼送孩子上大學、怎麼退休、怎麼去享受生活而不是在生活中時時擔心錢的問題？

「一般的」家庭

　　似乎每個月，我都會坐在同一張桌子前憂心、害怕著同樣的問題。我身上的債務太多、存款太少；我的生活感覺不在我的掌控之中。不管我多努力工作，似乎都無法取得勝利。我將永遠是銀行、政府以及我家庭「需求」的奴隸。我跟雪倫「聊到」錢，最後都會吵起來，讓她很害怕，也讓我

感到力不從心。

第一部

> **我身上的債務太多、存款太少；我的生活感覺不在我的掌控之中。**

買車、買房、孩子念大學──整個未來都看似遙不可及。

我不需要那種快速致富的傢伙來替我打氣或者要我保持正向思考。我也不需要致富祕笈。認真工作和犧牲我都不怕，我不想要「感覺正向」，唯一一件我能肯定的事是，我已經厭倦也受夠這種令人厭煩的生活了。我受夠了坐在那裡「算帳單」同時烏雲罩頂的感覺。這種絕望的感受令人難以承受。我像是在跑滾輪的寵物鼠──跑、跑、跑個不停，沒有任何吸引我向前走的動力，始終在原地，一事無成；或許生活就是一場財務上的幻覺。錢進來又出去，我欠錢再欠錢，於是我起身去工作……一再反覆發生以及期間的陳腔濫調，你應該不陌生。

喔，有幾個月，一切看似都行得通，我會想說我們會沒事的。我可以告訴自己：「每個人都是這樣過日子。」這種時刻讓我有足夠的緩衝餘地，可以繼續欺騙自己：我們是有所進展的；但是在內心深處，我知道我們沒有任何進展。

我按照自己的方法去做，而我的方法行不通

夠了！太累人了！我終於做出了判斷，這種毫無計畫的方式是行不通的。如果你有過這些感覺，那麼你會對這本書愛不釋手，而且最重要的是，你會熱愛**自己的**金錢大翻身。

二十幾年前，太太雪倫和我破產了，由於我處理金錢的愚蠢方式，或者就情況來看，是根本沒在處理，我們失去了一切。跌到谷底，而且是重重摔落，這是我所遭遇過最慘的事，同時也是發生在我身上最美好的事。

我們白手起家，當我們二十六歲，已經手握價值超過四百萬美元的不動產。我在不動產方面很在行。然而，我更在行的是借錢。即便我已成為百萬富翁，我打造的依然是一間紙牌屋。這個故事的簡短版是我們經歷了財務地獄，在三年內失去了一切。我們被人提告、資產被法拍，最後，帶著一名新生兒和一個幼兒，我們破產了。**害怕**不足以陳述當時的心情，**崩潰**還比較貼近些，但是我們緊握彼此的手，並且決定我們必須有所改變。

迷思 vs. 真相
迷思：我沒時間去擬定預算、退休計畫或遺產規劃。
真相：你有的是時間去做這些打算。

在失去一切之後，我踏上一場探索的旅程，目的是要找出金錢到底如何運作、我可以如何掌控它，以及我怎樣可以有信心處理好金錢。我閱讀了所有我能拿到的東西、訪問了年長的富人——那些賺到錢也守住錢的人。那次探索把我帶到了一個非常不舒服的地方——我的鏡子前。我開始意識到，我的金錢問題、我的擔心以及資金短缺的始作俑者與終結者，都是鏡子裡的那個人。我也察覺到，如果我能學會管理每天早上我刮鬍子時，鬍子上頭的那顆腦袋，我就可以在金錢方面取勝。這趟探索之旅以我凝視鏡中的自己而告終，卻也引領我在過去二十年間走上了另一段新的旅程：幫助他人，我真的幫助了上百萬人踏上了通往鏡子的旅途。現場活動、財務平靜大學、《戴夫‧拉姆齊秀》（脫口秀與電視節目）以及《紐約時報》暢銷書《財務上的平靜》、《不只是夠用而已》（*More Than Enough*）和《躺著就有錢的自由人生》，都讓我能夠將我在金錢方面學到的——用慘痛經驗換取的——告訴數百萬人。

最大的挑戰：找到一面鏡子

我要給你一項挑戰。你準備好去誠實面對你鏡子裡的那個人了嗎？如果你準備好了，那你也準備好要取得勝利了。我重新發現了上帝和奶奶處理金錢的簡單方法，建立財富並非什麼艱深的科學，這點對我來說是件好事（對你也是）。

要在金錢方面取得勝利是八○％的行為加上二○％的知識。該做什麼不是問題，有沒有真的去做才是問題所在。我們大多數的人都知道該做什麼，但是我們就是沒有去做。如果我有辦法控制鏡子裡的那個傢伙，我就可以變得健康又富有。健康交給其他書籍，而我則會協助你完成富有這部分。沒有任何祕訣，真的沒有；但這將會非常困難。欸，如果很簡單，隨便哪個路人都會是家財萬貫了好嗎。

> **要在金錢方面取得勝利是八○％的行為加上二○％的知識。**

所以我的金錢大翻身始於一項挑戰，那個挑戰就是你自己。你就是你金錢上的問題所在。財金頻道或是某些社團不是你的答案。你才是主宰自己未來的王者，而我這裡則有一份計畫。這套金錢大翻身計畫並非理論，它每次都行都通，而之所以行得通，是因為計畫本身很簡單、因為它直搗你金錢問題的核心：你自己。這是基於一系列必須付出才能贏的基礎而制訂。所有的贏家為了要勝出都需要付出代價。有些輸家付出了代價卻從未贏過，通常是因為他們並未擁有一份確實有效的財務健身計畫。

平凡的普通人

　　數以萬計的普通人都藉由這本書裡的系統擺脫了債務，重新掌控並建立起財富。我將他們的故事分散在整本書中。如果在這個翻身大改造的過程中，你有任何想要放棄的念頭，就去讀讀這些故事。那些人在短時間內做出了犧牲，讓自己往後再也不必做犧牲。

　　如果你正在尋找一條回家的路，那你已經找到了。如果你正在尋找又快又容易的方法，那你拿錯書了；如果你正在尋找一本可以助你取得會計師證照的財金書籍，那你也拿錯書了。如果你正在尋找某位有一套錯綜複雜學術理論（但在現實世界中行不通）的作者，那你找錯人了。我有相當的學術背景，但我終究還是破產了。事實上，我曾經兩度從一無所有到成為百萬富翁。第一次是在我二十多歲，把錢投在了房地產上，卻因為自己的愚蠢失去了那筆財富；第二次是在我滿四十歲之前，但那次我在金錢上做對了，沒有任何負債。

驚人的數據

我們的文化中，有九○％的人會去購買自己負擔不起的物品。

　　我曾聽到破產的財金教授悲嘆說我太單純了，或者就像有一天在《戴夫‧拉姆齊秀》節目裡，有個人寫電子郵件告

訴我，「你是一匹從頭到尾只會一招的馬戲團小馬。」對於那些說自己有著遠大計畫但尚未執行的人們，我會說：「去證明你的計畫，我已經證明我的了。」比起沒讓你建立起財富的那套方法，我更喜歡自己這套讓我致富的方法。在這本書中，你會看到一些人，或許受過教育、或許沒有，在他們的生命中，這是他們首度在金錢方面獲得了勝利、或者開始走向勝利。

金錢大翻身座右銘

這份計畫是有效的，但你要肯付出。這本書會引導你去學會拒絕。簡而言之，你的金錢大翻身會是一套個人的轉變計畫，當中，你會學到這句格言：「**如果你忍人所不能忍，日後就可以過上人所不能及的生活**。」這就是你金錢大翻身的座右銘。我用這種方式提醒你，如果你現在做出大多數的人不願意做出的犧牲，那麼以後你將能過著那些人永遠都沒有辦法過的生活。在這本書中，你會看到這句座右銘反覆地出現，抱歉，為了強調，沒有更好的方法了，但是這則座右銘的好處是它絕對有效。當你為了早日達成目標而忍住了一次購買欲望，你就可以對自己重複這句座右銘。當你工作到很晚又很累，也可以對自己說這句座右銘。當然，這不是什麼神奇公式，我對那種東西沒興趣。但這句話確實會提醒你終將獲勝，你的付出是值得的。

笨蛋數學 & 愚蠢稅

錯誤的安全感

有些人會想要買部昂貴新車當作保險。如果四年之間，每年都會跌損一萬七千美元的價值，平均而言，作為一種保險，你要付的保費太高了。一萬七千美元的話，你完全可以重組這輛車兩次了！

我會告訴你怎麼獲得你想要的成果，你所付出的代價不會白費。我可不想要為了好玩，就赤腳走過燒得滾燙的煤炭，但是如果你告訴我，一段短暫而痛苦的路程，可以消除我一生對於破產時不時帶來的焦慮、挫折、壓力和恐懼，那麼，把滾燙的煤炭端上來吧。

> ❝ 你會獲勝的，而且你獲得的報酬將會值回代價。❞

剛結婚的時候，我們決定讓卡莉留在家照顧小孩，而不是出外工作。這個決定有時會在財務上使我們處於不利的狀況，但在許多其他方面，它一直是對我們家庭最佳的選擇。

在財務上，我們犯了幾個錯誤，像是一直沒有還清我們的學生貸款，因為「利率很低」，甚至一度還租了一輛車。對我們來說，信用卡是地位的象徵，而我們也有幾張卡。我們的債務最高時達到三十七萬五千美元（包含房貸）。當要靠一份薪水養四個小孩的時候，讓自己落入這步田地並不是個聰明的做法。我們開始執行戴夫那套計畫的時候，已經做足了準備，要像瞪羚般地專注緊繃、努力工作甩掉債務！在六個月內，我們就償還了五萬七千美元，並捐了七千美元給教會，這真的讓我們備受激勵！

現在我們無債一身輕，並正在資助我們的女兒完成大學第一年的學業。我們也在為退休做儲蓄，而且儲蓄利率很高，並且正在建造一棟新房子。我們很享受現在賺取利息而不是支付利息的生活。如果沒有戴夫，我們不可能做得到。我們用現金支付購買的一切，並主導了金錢的走向。這種做法替我們全家帶來的平

靜和自由，不是我用言語所能形容的！

　　一開始的幾個月是最痛苦的，因為我們從使用信用卡改成用現金。但是不必再去替昨天和今天的消費償付是一件很棒的事！按照戴夫的金錢大翻身計畫執行，你將會獲得心靈上的平靜，與此同時，也會因掌握金錢的控制權而高枕無憂。你只要記得一件事：要專注。

　　我們成功的關鍵在於，我們倆隨時都保有共識。我們現在會一起計畫我們的花費，而不是比賽誰花得多。在那些再度感覺花錢很有趣的脆弱時刻，我們就是彼此的力量。我們學會了在談論金錢以及財務目標時，從中感受到樂趣，它不再是一個容易引起嫌隙的話題。

　　我們的建議：誠實地評估你的賺錢能力，然後量入為出。要把自己的命運和幸福握在自己手中！

馬克與卡莉・史陀沃席

（皆為四十三歲）

有照會計師/系統顧問；

全職媽媽

我給你的承諾

我給你的承諾如下：如果你願意遵循這套實證有效的步驟，保持自律，你就可以做到零債務、開始儲蓄，甚至捐贈；你會建立起財富。我向你保證，這完全取決於你。金錢大翻身不是通往財富的神奇公式。除非你去實行，且執行時有一定的強度，否則這套系統不會起作用。在接下來的章節，你會看到許多在金錢上獲得勝利的案例，但是，所有人都是在與鏡子裡的那個人奮力一搏後，才取得金錢上的勝利。你的處境並非另一半的錯（嗯……也可能是啦，這我們晚點再談）、不是父母的錯、不是孩子的錯，也不是朋友的錯；**是你的錯！**

當我承擔起責任時，我的財務狀況就開始好轉。各地皆有人透過這個步驟獲得解放、重拾自信及控制權，並為他們的家庭建立了未來。請跟我一同踏上這趟旅程，遠離年輕的我，那個被金錢上的擔憂、恐懼以及罪惡感壓垮的傢伙；請跟我一起踏上這趟旅程，迎向你的金錢大翻身，第一步就是去面對鏡子裡的自己。

戴夫的怒吼……

漫無目的的儲蓄根本就是一種浪費。你的錢應該要為你所用而不是堆在那裡。

第二章
否認現實：我沒那麼胖

　　幾年前，我意識到我讓自己的身體鬆弛了。在那之前，我非常努力地在工作，以至於忽略了對於身體健康的照顧。要恢復體態的第一步，就是意識到我需要改變自己的生活方式，但是第二步，也是同樣重要的一步，就是要找出阻礙我恢復身材的事物。一旦我知道了這些阻礙，我就開始了減重、增肌，並且變得更健康的過程。你的金錢大翻身也一樣，你需要意識到問題的存在，也必須認清你通往財務健康的阻礙。在接下來的幾個章節，我將會指出**你的**金錢大翻身的主要障礙。

迷思 vs. 真相

迷思：債務整合貸款可以節省利息，你只需要償付較少的一筆款項。

真相：債務整合貸款很危險，因為那是治標不治本。

　　直視鏡子，好好地花時間仔細看看，你看到了什麼。不管你用什麼角度、擺了多少姿勢，鏡子都是殘酷的。「嗯，

我其實沒那麼胖，只是最近伙食好一點。」我父親曾經說過，解決問題的方法有九○％在於意識到問題的存在。

要重新設定你花錢的模式，需要極度專注和攸關生死的高強度努力，其中最大的阻礙之一就是**否認**現實。可悲的是，在這個國家，你在財務上即便表現平庸，在經濟上疲軟無力，你還是位於平均值裡。事實上，按照大多數人的標準，身為一個財務上過得去的人，不是什麼壞事。但是，這本書不是為了甘於平凡的人所寫的。這是一本關於獲勝的書，講的是擁有財務自由。

> ❝ 解決問題的方法有九○％在於意識到
>   問題的存在。❞

剛走進婚姻時，我們一點債務也沒有。我們靠著單一薪水過日子，車款已經付清，甚至還有一小筆存款。但是，我們最終做了一個錯誤的決定，搬進一間更大的房子，這讓我們在財務上備感壓力。幾年後，我換了工作，年收入增加了——給了我們以為自己可以提高生活品質的錯覺。債務就是

從這個時候開始累積的。我們換掉了舊車，買了兩輛新車。我們開始用信用卡購買所有的東西，甚至以房屋淨值貸款。在我們意識到這點之前，我們已經淹沒在債務裡了。

凱莉在我們附近的書店看到了《躺著就有錢的自由人生》這本書，並作為父親節禮物送給我。在美國獨立紀念日那天，我們向自己的債務宣戰了！我們有六千美元的存款，但債務高達一萬六千美元，這還不包括我們的房貸。這份計畫要求我們要將存款中的五千美元取出來償付債務——剩下一千美元作為寶寶的緊急預備金。看著我們辛苦存下的錢就這麼蒸發很煎熬，但也真的讓我們的雪球式還債計畫滾動起來。我們在其他方面也有所犧牲，然而在十個月內，我們就償還了所有的消費債務！

戴夫幫我們意識到，我們必須認清底線在哪，停止入不敷出的生活。我們不再需要每個月付錢給債權人，終於可以開始替自己存錢並且投資未來！

> 馬克（四十歲）與
> 凱莉‧銳普（三十九歲）
> 土木工程師；
> 護理學校學生

不要讓否認現實擊敗你

　　幾年來，我每年都會進行多場兩千到一萬兩千人次的現場演說，傳授聽眾這本書裡的觀念。在某場有四千名聽眾參與的演講結束後，莎拉告訴我，生活給了她一記當頭棒喝，讓她開始進行自己的金錢大翻身。她說她聽到我引用了《華爾街日報》的內容，表示有七〇％的美國人都是月光族，她認真以為自己是那三〇％沒有問題的族群，她在財務上裝腔作勢，而那個「勢」就是在否認現實。

　　帶著上一段婚姻中的兩個孩子，剛剛再婚的莎拉很開心且工作有保障，她的丈夫約翰也是一樣。他們一同展開的新生活看起來棒透了。他們兩個人加起來的總年收大約是落在七萬五千美元，身上有一些「正常」的債務、學貸、車貸，和「區區」五千美元的卡債。他們的生活都在掌控之中，一切都很順利。於是，莎拉和約翰決定兩人的新家庭需要一間更大的房子，因此他們選好了建商，工程也開始了。對於這一切，他們內心有一絲絲的不安，而那份不安或許是在很深

很深的地方。終於，新居落成的那一天來臨了，一切都會好起來的，新家庭入住新房，事情完全按照「預期」發展。五月，他們搬進了新家——用大筆新的支出完成的新家。

笨蛋數學以及愚蠢稅

特價洗衣烘衣機——一千八百美元！

是的，沒錯，你也可以拿到這筆「划算」的買賣。只要去你家附近的先租後買商店就行了。

九月，莎拉被老闆叫進辦公室。她的工作表現很出色，也準備好獲得「幹得好，女孩」的稱讚、以及一筆豐厚的獎金或加薪。沒想到，老闆告訴她，她的職位要被裁撤了。「妳懂的，人員縮編」老闆如此解釋。她做了一輩子的工作隨著老闆這番可怕的話，被砍除了——包括他們年收入七萬五千美元中的四萬五千美元。她不僅自尊受傷，職涯也被中斷了。在她開車回家要告訴約翰的路上，一股顫慄的恐懼從內心油然而生。那天晚上充滿了淚水、不安，以及猝然赤裸裸地意識到，她和約翰在財務上有很多贅肉必須剷除。突然之間，莎拉和她的家人面臨了房屋被扣押、車子被收回的處境。連維持最基本的生活都變得非常珍貴。

莎拉和約翰曾在廣播中聽到《戴夫‧拉姆齊秀》，但他們總是認為需要金錢大翻身的是別人。畢竟，他們每次站在

鏡子前都會刻意縮小腹。她被資遣後的第二天晚上,是他們第一次直視財務鏡子裡的影像,並且看到了兩個過重的人。那個影像並不賞心悅目——肥厚的卡債、患了厭食症般的存款,且沒有預算。

當你的身形走樣時,你很難否認這個事實的存在,因為那道日漸寬鬆的腰線;但是當你是在財務上失衡的時候,你還可以佯裝沒事。你的家人和朋友也會參與你的幻想 / 對現實的否認,而這會讓你誤以為一切安好。阻止人們透過金錢大翻身贏得勝利的四大原因之一,就是沒有意識到自己其實需要這麼做。不幸的是,我看過最戲劇化的翻身中,有一些都是被生活打了一巴掌,將他們對現實的否認砸得粉碎之後才成功的,像是莎拉。如果你的生活還沒有搧你一巴掌,那麼你身處的險境其實比莎拉和約翰遭遇資遣之前更嚴峻。你可能因為否認現實招致重大危機;你必須看到做出巨大改變的必要性。如果你因為一切看起來「沒問題」而無動於衷,你就不會願意咬緊牙根做出重大改變。

溫水裡的青蛙

多年以前,在大師吉格・金克拉(Zig Ziglar)的一場勵志研討會上,我聽到了一個關於危險會如何悄悄接近你的故事。故事中提到,如果把一隻青蛙丟到滾水裡,牠會感到痛苦立刻跳開,但是,如果你把青蛙放到溫水裡,牠會開心地

游來游去，當你漸漸地調高水溫，青蛙也不會感覺到變化。這隻青蛙因為漸進式改變的誘導，邁向了死亡。我們可能會一次一點點地逐漸失去健康和財富。這或許是陳腔濫調，但事實正是如此：「『最棒』的敵人不是『最差』，而是『還不錯』。」

驚人的數據

應屆大學畢業生中，八八％都有卡債──在他們連工作都還沒有之前！

有很長一段時間，我都在否認自己的生活和花錢習慣。在我二十五歲左右時，負有二萬三千美元的債務，而且幾乎沒有要擺脫這筆債務的動力。我最大的問題在於，我沒有意識到擺脫財務困擾後會有多美好──問題出在賭博，我停不下來。即便是在我開始收聽《戴夫·拉姆齊秀》並試圖攻克自己的債務時，還是經常以失敗告終。我因為無法戒斷的賭癮而散盡錢財──這讓我從來沒有給自己時間去認清這項事實。

最終財務壓力大到難以承受，我知道我需要改變。我開始參加一個名為「慶祝康復」的計畫，那是一項教會活動，致力於協助那些成癮、受傷以及焦慮不安的人。

我也開始進行金錢大翻身，一次一小步慢慢地走了過來。建立自己的緊急資金是最困難的，因為我當時依然在嘗試要戒掉賭癮，而那筆錢每次都會在賭博中輸掉。然而，隨著我的癮頭愈來愈小，我制訂了一份預算，積欠的債務也愈來愈少。我搬回家與父母同住，把房租用來償還我最後的債務。

現在，我正在為買房的頭期款儲蓄，希望明年可以達成目標。沒有債務壓力的生活，感覺起來真的太美好了！

東尼・紐曼

（二十六歲）

金融分析師

改變的痛苦

改變是痛苦的。鮮少有人有追尋改變的勇氣。大多數人只會在現況所帶來的痛苦超越了改變的痛苦時，才會願意起身去改變。我希望莎拉以及這本書裡其他人的故事，可以激

勵你不再維持現狀。如果你繼續做著同樣的事，只會繼續得到相同的結果。你的財務現況是你到目前為止所做的決定的總和。如果你喜歡這個處境，那就繼續下去吧。但是要記得你為什麼在閱讀這本名為《躺著就有錢的自由人生》的書。是不是因為在你內心深處也像莎拉那樣感到不安，但直到為時已晚之前都沒有去處理呢？你是不是其實想要更多？如果是的話，那我有個好消息要告訴你：這份計畫是有效的。克服想要保持現狀的誘惑，早一步在「不改變」所造成的痛苦找上門前，先面對改變的痛苦。不要等到心臟病發作才告訴自己要保養身體；現在就戒掉碳水化合物、脂肪以及糖分，然後綁好鞋帶出門跑步吧。

關於莎拉和約翰的好消息是，那次的財務心臟病發作讓他們開始去處理他們的財務狀況。那次的資遣是一記醒鐘，並且終止了他們對於現實的否認。在經歷了一年非常艱辛的時光後，莎拉找到了一份全新的事業，只是這次當薪水開始進帳時，莎拉和約翰會使用這套系統。每張薪水條都變成令人興奮的事件，因為他們有一套計畫。他們在財務上進行減重後變得更健康。這不是一蹴可幾的，但隨著時間的推移遵循這些步驟去做後，今天他們真的獲勝了。

> ❝ 鮮少有人有追尋改變的勇氣。❞

我見到莎拉和約翰的那晚，他們已經執行計畫兩年了——且笑容滿面。他們告訴我，除了房貸，他們已經沒有其他債務了，而且銀行裡有一萬兩千美元的緊急預備金。他們打破了自己對現實的否認，但他們也讓他們的家人感到不舒服，因為他們拒絕像別人那樣生活。愛因斯坦說過：「偉大的心靈總是受到脆弱心智的激烈反對。」約翰的父親嘲笑他們的計畫、以及他們為了獲勝額外的兼差工作。當莎拉和約翰意識到自己就是那個沒穿衣服的國王，否認現實就已經不是一個選項了。他們也意識到他們一直以來的用錢方式，都只是為了要讓別人對自己刮目相看——但到此為止了。

　　莎拉笑著告訴我她過去是怎麼想的：我們一定做得很好；這些信用卡公司都認為我有信用價值。如果銀行都同意我的申請，那就一定沒事，否則他們就不會借錢給我了。而且，我每個月都有繳清信用卡帳單。我怎麼可能有問題？只要我付得起信用卡帳單，我就買得起那輛車或那件傢俱。約翰也在笑，他們現在都覺得那些在財務上失衡卻自以為沒事的人會使用的話術——否定現實的話術——很可笑。

　　當晚，我們談到尾聲的時候，莎拉告訴我，雖然她希望她和約翰都不會無預警失業，但如果真的發生了，他們也已經有所準備。「我們不再活在謊言裡，我們知道自己的位置在哪，我們知道自己要往哪個方向去，也知道要怎麼到達目的地。」她說道。她和約翰想要給我一份禮物，感謝我啟發

了他們的金錢大翻身，但我向他們保證，他們已經給了我一份大禮了。

第三章
債務迷思：債務（不）是一項工具

學齡前的小朋友脹紅著臉、拳頭緊握，帶著驚人的氣勢吼著：「我要這個！我要這個！我要這個！」這場景，我們都在超市看見過。我們甚至可能（曾經）在自己孩子身上見過。現在我年紀比較大，人也比較溫和了，看到年輕媽媽試圖阻止被拒絕而失控尖叫的孩子卻徒勞無功時，我有時也會莞爾一笑。

> **想要某樣物品並且立刻就要，這是人類的天性，同時也是不成熟的表徵。**

想要某樣物品並且立刻就要，這是人類的天性，同時也是不成熟的表徵。願意為了更好的成果而延遲享樂，則是成熟的象徵。然而，我們的文化教導我們要活在當下。我們吶喊著「我想要這個！」而如果我們願意承擔債務，馬上就可以擁有那樣物品。負債是在我們負擔得起想要的東西之前，就讓我們得到它的一種手段。

加入謊言的行列

　　我聽過一種說法，如果你重複某個謊言的次數夠多、說的音量夠大、時間夠長，那個謊言就會被接受為事實。重複、音量和時間長度，會將一個迷思或謊言扭轉成一個大眾普遍接受的做法。全人類都曾經被欺騙，進而認同某個可怕的事實，甚至還親自參與了將謊言逐漸轉變為真相的過程。綜觀歷史，扭曲的邏輯、合理化的行為以及漸進式的改變，可以使得聰明人變成笨蛋。「宣傳」在這類事情的發生上，尤其扮演了特別重要的角色。

　　今天，我們的文化裡也存在著這種宣傳，我指的不是政治上的那種，而是有些人希望我們按照他們的方式去思考，他們會不遺餘力地達成此一目的。金融和銀行業特別善於教導我們處理金錢的方法，這當然會引導我們向他們購買產品。如果我反覆看到某則廣告告訴我，我開某部車會顯得又酷又幹練，我可能就會掉進只要買了那部車，那些好事就會發生在我身上的幻想中。我們可能不會真的相信買了那部車，自己就會成為那個模特兒，但是請留意，有哪一支汽車廣告裡的演員是長得其貌不揚？我們並非真的信了那個謊言，不是嗎？畢竟，我們還是會因為某些學術理論上的合理性買了那部車，例如油耗量之類的。

笨蛋數學與愚蠢稅

一個月約兩百五十美元，讓你提早十五年自由

想像你買了一棟價值十三萬美元的房子，為此你去申請了利率七％，十一萬美元的房貸。三十年期貸款最後的總支出會是二十八萬三千兩百五十美元；十五年期的則是十九萬七千八百四十美元，之間的差異有多大？每個月只差兩百五十六美元，卻必須多被綁住十五年的時間。

當我們參與了大眾認為正常的事時，即便其實很愚蠢，還是會為群眾所接受。有時候我們甚至不會意識到自己在做的事很蠢，因為我們被教導成：「事情就是這樣做的。」所以從來不問為什麼。當我們參與迷思，也學會了發展出充滿迷思的原則。多年來，我們依循著迷思，投資了更多的時間和金錢進去，成為了迷思的大弟子，大聲且充滿熱忱地宣揚迷思的內容。我們成為迷思的專家，將其兜售給他人，讓他們也加入這個謊言。我也一度加入了謊言的行列，但再也不會了。

不要讓猴子把你拉下來！

債務以一種激進且喧囂的方式頻繁地推銷給我們，以至於要想像零債務的生活還需要先打破這個迷思。我們必須有系統地打破這套迷思內在的運作模式。債務在我們的文化中

根深蒂固，導致很多人甚至無法想像擁有一部車沒有車貸要付、擁有一棟房子沒有房貸要付、身為一個學生沒有學貸要付、有信用額度卻沒有信用卡。我們反覆地被兜售債務，熱烈到大多數的人無法理解沒有帳單要付會是什麼樣子。正如生而為奴的人無法想像自由那般，我們不知道早上起床沒有債務是什麼感覺。根據 CardTrak 這個機構的統計，眼下全美的信用卡債總計有九千兩百八十億美元。我們不負債就活不下去，是嗎？

過去數年，我與數以萬計的人一起為了他們的金錢大翻身而努力，我發現了致勝的一個重大阻礙，就是我們對於債務的觀點。大多數決定停止借錢的人都經歷過一件奇怪的事：被奚落。那些相信「負債是正常」的家人和朋友，也就是這個迷思的信徒們，會去嘲弄那些踏上自由之道的人。

> ❝ 致勝的一個重大阻礙，就是我們對於債務的觀點。❞

約翰‧馬克斯韋爾（John Maxwell）講了一項對猴子所進行的研究。有一組猴子被鎖在一個房間裡，房間的正中央有根桿子。桿子的頂端，掛著幾根甜美且熟透了的香蕉。當有猴子試圖爬上桿子，實驗人員就會用水管噴水，把牠沖下來。每次只要有猴子爬上去，就會被沖下來，直到這群猴子

都被反覆沖下來之後，牠們就瞭解到攀爬的企圖是無望的。接下來，實驗人員觀察到，只要有猴子試著爬上那根桿子，其他猴子就會把他拉下來。他們把其中一隻猴子換成了另一隻不瞭解這個系統的猴子。這個新來的傢伙一試著要爬桿子，其他猴子就會把牠拉下來，並且因為牠的嘗試而懲罰牠。實驗人員一隻一隻地替換掉猴子，直至房間內所有猴子都沒有實際被水管的水沖下來為止。但是，這批新猴子中，還是沒有人被允許去爬桿子；其他猴子總是會把牠拉下來。房間裡沒有任何一隻猴子知道為什麼，但是沒有任何一隻被允許去拿那些香蕉。

我們不是猴子，但是我們顯現出類似的行為。我們甚至不記得為什麼了，但就是知道自己需要債務。因此，當我們摯愛的人決定要進行金錢大翻身，我們就會嘲笑、會氣憤，然後把他拉下來。我們就像是最後的這組猴子。我們滔滔不絕地說出跟這個迷思有關的話術，彷彿任何不想要負債的人都是不聰明的。那個人肯定是個傻瓜、某種狂熱分子，或是更慘的「金融文盲」。

迷思 vs. 真相

我想要透過檢視多個比較次要的迷思，來揭露債務迷思運作的方式。但是我得提醒你提防自己想要捍衛借貸生活方式的本能。冷靜，放輕鬆，跟我在接下來的幾頁中兜個風。

我講的可能還是有些道理的。如果，在這個破除迷思的章節之後，你的結論是，我只是一個出過幾本書的自大狂，我也不會強迫你改變。但是，以防那數萬個經歷過金錢大翻身的家庭有什麼訊息要告訴你，你還是放鬆心情繼續讀完它吧。卸下你的心防，晚點再架起你的層層防備都還來得及。

迷思：債務是一項工具，應該用以創造財富。

真相：債務會帶來極高的風險，通常不會帶來財富，而且有錢人也沒有像我們以為的那樣常使用債務。

　　當我在房地產業首次接受培訓時，我記得有人告訴我債務是一項工具。「債務就像是支點和槓桿」，讓我們可以舉起我們原本無法舉起的東西。我們可以買房、買車、自行創業或外出吃美食，不必為了等待能夠做到這些事而煩惱。我記得有一位財金教授告訴我們：債務是一把雙面刃，它可以像工具一樣為你切東西，但也可能會割到你、帶來傷害。我們一直被兜售一個迷思，即我們應該要用別人的錢來賺自己的錢。在這個議題上，學術界說得可誇張了：老練且具嚴謹專業訓練的金融人士都會利用債務為自己牟利。這邊要小心啊，一不小心你就會傷到自己。

　　我的主張是，債務帶來的風險足以抵銷任何利用債務槓桿帶來的好處。因為時間——長達一生的時間風險，會摧毀

迷思傳播者所宣稱的可感知收益。

> ❝ 債務的風險足以抵銷任何利用債務槓桿可
> 帶來的好處。❞

　　我自己也曾經身為迷思傳播者，可以用相當具有說服力的方式重複講述這個迷思。我特別擅長「債務即工具」的話術。以相當複雜的內部投資報酬率向投資人展示確實會賺到錢的方式，我甚至曾將處於虧損狀態的出租型房產成功銷售出去。真的很容易啊！我可以帶著熱忱滔滔不絕地宣揚這個迷思，但是人生和上帝給了我一些教訓。只有在失去一切，並發現自己破產後，我才想到應該要考慮到風險這個因素，甚至也要反映在數字上。根據箴言二十二章七節：「富戶管轄窮人，欠債的是債主的僕人」。[1] 面對這段經文，我不得不做出清醒的判斷，誰說的才是對的——告訴我債務是一項工具的財金教授呢，還是顯然鄙視債務的上帝呢？貝弗利·希爾斯（Beverly Sills）說：「任何值得前往的地方，都沒有捷徑。」她說的一點都沒錯。

---

1. 譯者註：本書中，中文聖經內容取自繁體和合本聖經。

迷思 vs. 真相

迷思：玩樂透以及其他形式的賭博會讓你致富。

真相：樂透和威力彩是一種稅金，課稅的對象是窮人以及不會算術的人。

我們相信了那個謊言！我們按照「軍備競賽」的標準方式過日子。結果我們效法的對象也破產了，且負債累累。我和我先生因為出租用房產負債七萬兩千美元，外加三萬五千美元的卡債、學貸以及車貸。除此之外，我們還購置了一棟配備一座需要大翻修的泳池的四房住宅——這些全仰賴一份四萬美元的教師薪資。但我們認為這一切對我們的未來是一筆很好的投資，我們真是大錯特錯！

我們對於入不敷出的生活既厭惡又厭倦。我們需要一場金錢大翻身。我們將那棟出租用房產和那棟大到誇張的住宅賣了，換一間小得多的房子。我們花了兩年半的時間極度專注與努力，終於成功**把債務清零**！

如果你活在債務的束縛中，就不算真正活著。比起我們有財務計畫之前，我們的婚姻關係更好了，而且多了一份平靜。我們深感能在婚姻早期獲得這份資

訊是一種幸運，也很感激有這個機會教導孩子在財務上負起責任。

艾莉森（二十九歲）和
麥可·維斯納（三十三歲）
家庭主婦；
體育老師

　　我發現，如果你仔細觀察你渴望成為的那種人的生活，就可以找出他們的共通處。如果你想看起來纖瘦骨感，就去觀察那些纖瘦骨感的人；如果你想變成有錢人，那麼有錢人都怎麼做你就跟著做，而不是按照那些散播迷思的人所說的去做。「富比士美國四○○富豪榜」是《富比士》雜誌評選排名的美國四百個最有錢的人。在做調查的時候，「富比士美國四○○富豪榜」中有七五％的人（有錢人，不是你那位一貧如洗還意見一堆的大舅子）皆表示，要建立財富最好的方法就是要擺脫債務，並且保持零債務的狀態。沃爾格林連鎖藥局、思科系統和哈雷機車都是無債經營模式。我在擔任金融顧問期間，見過數以千計的百萬富翁，其中沒有任何一位表示自己是透過信用卡的紅利點數致富的。他們的生活開銷都小於他們的收入，並且只在有現金的時候才會花錢，沒有事後付款這回事。

歷史也告訴我們，人們並非一直以來都靠負債生活。事實上，目前最大的三家借貸機構都是由曾經痛恨債務的人所建立。西爾斯百貨靠信用卡賺到的錢比靠商品販售賺得的還多。它們不是商家，而是有販售商品的借貸業者。然而，一九一〇年，在西爾斯百貨的商品型錄上有著一句話：「以信用來購物是愚蠢的行為。」傑西潘尼連鎖百貨公司每年靠著塑膠貨幣賺到好幾百萬美元，但是他們的創辦人，人稱傑姆斯・「現金」・潘尼（James "Cash" Penney），原因是他厭惡使用債務的行為。亨利・福特（Henry Ford）認為債務是懶人買東西的方法，他的哲學徹底置入了福特汽車，以至於在通用汽車提供融資的十年後，福特汽車才開始跟進。現在，福特信貸公司當然是福特汽車業務當中獲利能力最好的分部。

你可能聽過很多其他次要的迷思，與主要迷思站在同一陣線上傳達「債務是一項工具」的理念。所以，我們要不遺餘力地去破除每一個把謊言當真的迷思。

迷思：如果我借錢給親朋好友，我是在幫助他們。

真相：如果我借錢給親朋好友，我們之間的關係不是變得很緊張就是會破裂。唯一會因為借貸而變得更穩固的關係，是那種一方是主、一方為僕的關係。

有個陳年笑話：如果你借一百塊給你的大舅子，然後他再也不跟你說話了，這是筆划算的投資嗎？我們都可能有過那種借錢給一個人之後，立刻感覺關係疏遠的經驗。有一天，瓊安打電話到我的廣播節目裡抱怨了一件事情。她借錢給一位工作上認識的朋友，卻因此毀了這段關係。她在發薪日前，借五十美元給那位女士——一位身無分文的單親媽媽。發薪日來來去去，而她這位朋友——瓊安以前每天中午都會與她聊天，她曾是瓊安的閨蜜、是瓊安有新想法時第一個分享的人——現在則一直躲著她。就算沒有任何刺激或挑釁的言語，羞恥感和罪惡感還是悄悄地登場了。我們控制不了債務對於關係的影響；借方就是貸方的奴僕。當你把錢借給某位親愛之人時，你們在精神上的互動模式就從此改變了。變得不再是一個朋友、叔叔或是孩子；現在，他們成了你的奴僕。我知道你們當中有些人會認為我言過其實，那請你想想，為什麼一旦有了借貸關係，感恩節晚餐就走味了。與你的主人一起用餐和跟家人一起吃飯是截然不同的。

> **❝ 借方就是貸方的奴僕。❞**

瓊安為失去這段友誼而傷心。我問她，那段友誼值不值五十美元。她激動地表示那段友誼價值這筆錢的好幾倍。所以我請她致電給她朋友，告訴她那筆債務就算了，就當作是

一份禮物。免除債務讓她得以從這段關係中的主僕模式解脫。當然，如果這種相處模式從來沒有出現過會更好。我也建議她免除這筆債務時要有兩條但書：一、這位朋友要同意有朝一日對需要幫助的人伸出援手；二、瓊安永遠不再借錢給朋友。讓我們斷開這條迷思的鎖鏈；以瓊安的例子而言，要打破借錢給朋友的鎖鏈，唯一的方法就是雙方都學到了教訓。教訓就是，贈予有需要的朋友一筆錢沒問題；但是借錢給他們則會毀了這段關係。

　　我處理過好幾百個關係緊張且破碎的家庭，其中不乏充滿好意想要「幫忙」並出借金錢的人。父母親借錢給二十幾歲的新婚夫妻支付新房的頭期款；這聽起來既高尚且美好，直到媳婦提起小倆口即將啟程去度假時，捕捉到的不贊同眼神。她懂得那些眼神的意思，在還清借款之前，哪怕只是買捲衛生紙，她都應該先徵詢公公婆婆。一輩子的埋怨可能就此誕生。祖父出借兩萬五千美元給二十歲的孫子買他「需要」的四輪傳動卡車。當然，借款利率是六％，相較於從青年銀行貸款好得多，也比祖父把錢存放在銀行能取得的利息高得多。這是個雙贏的局面，對嗎？當這名年輕人丟了工作、拿不出錢還給祖父的時候怎麼辦呢？而祖父是那種老派的人，認為一個人就算要做牛做馬到三更半夜，也得遵守諾言。現在，孫子跟祖父意見有所分歧，於是孫子賣掉卡車，將售得的一萬九千美元還給祖父。祖父沒有這輛車的共同所有權，

他現在只能期望這個失業、身無分文又憤怒的孫子，把剩下的六千美元還給他。這個祖父再也看不到這六千塊錢、再也見不到這個孫子了。有時候，在這個迷思演變而出的某種扭曲中，還摻雜著羞恥感與罪惡感，孫子的心中莫名地編造了這一切都是爺爺的錯、是他放棄了這段關係的念頭。

我看過好幾百段關係變得劍拔弩張，有時還會因此決裂。我們都見過，但我們還是繼續相信這個迷思，認為借錢給摯愛之人是給予祝福。不，那是一個詛咒，不要在任何一段你在乎的關係上加諸這種重擔。

迷思：親朋好友借貸時替他擔保，是在幫他。

真相：自己準備還錢吧；銀行需要保人是有原因的，就是他們不期待你那個親朋好友會還錢。

> **❝ 我們還是繼續相信這個迷思，認為借錢給摯愛之人是給予祝福。❞**

跟我一起思考一下，如果債務是我們今天的文化中，最被積極行銷的產品；如果貸方必須達到「借貸型產品」的業績目標；如果貸方可以精準預估債務不被履行的可能性呢？——假使這些都是事實，而借貸產業拒絕了你的親朋好友的貸款申請，毫無疑問地，想要借錢的這一方就是一顆隨

時會爆的不定時炸彈。然而，每天都還是會有人做出很不明智（對，就是蠢）的決定，替別人擔保。

借方被要求要有擔保人，正是因為根據統計資料顯示，貸款申請人不付款的可能性很高。那麼，我們又何必將自己定位為慷慨、仁慈的幫手，去否認這個產業的判斷呢？這個產業急切地想要把錢借出去，卻又認定我們那位親朋好友最後會賴帳……於是先替那筆終將不被履行的債務找名新債主。我們明明很清楚整件事在本質上就有問題，為什麼還要替人擔保呢？

我們純粹是因為情感才落入那個荒謬的境地。理性不會讓你搭上這班車。我們「知道」他們會還錢，因為我們「認識」他們。大錯特錯。父母親在小夫妻買房時當共同擔保人。為什麼需要保人？因為以他們的經濟能力不足以負擔這間房子的錢！青少年買車，父母親為其擔保，為什麼？「這樣他才能學會扛起責任。」不，青少年會學到的是，當他們買不起某樣東西時，不管怎樣，買下去就對了。

可悲的是，曾經替人擔保過的人，都知道自己最後面臨了什麼樣的結局，就是得代為還款，即便如此，自己的信用也已經受到損害。如果你替一輛車的車貸作擔保，但每個月的應付款都遲交，這種情況下，貸方不會聯絡你，但你的信用每個月都在持續受損害。貸方要收回車輛產權前不會通知你，可是你的信用報告上會出現這筆回收紀錄。當這輛車以

低價販售的所得跟債務間有落差時，他們會通知你去支付差額，這種差異稱作逆差。如果貸方確實與你聯繫了，法律上，你沒有任何權利去強制販售這輛車，因為你並不擁有這輛車；你只是被債務纏住而已。當你替一間房子背書時，也會得到同樣的結果。

箴言十一章十八節：「在鄰舍面前擊掌作保乃是無知的人。」這句話完美地概括了這個迷思。就像試圖用借款給予摯愛之人祝福一樣，許多人都因為試著要幫忙而替人作保，結果卻是自己信用受損、彼此關係也受到傷害甚至決裂。我曾經替貸款做過擔保，結果就是自己要付清這筆錢；有個可憐的傢伙也曾經替我作保，當我破產，他得償還這筆錢。如果你真心想要幫助一個人，就給他錢吧。如果你沒有錢，就不要簽名幫對方背書，因為你最後很可能得償還這筆錢。

在《戴夫·拉姆齊秀》上，我常會看到有人掉進這個替人擔保的陷阱裡。凱文曾經打電話進來抱怨，有家抵押貸款公司一直把他替母親的車作保的事，視為他的債務，即便母親有保險，她往生後有保險金可以償還貸款。他們當然會當成你的債務啊，凱文；這就是你有責任要償還的債務！貸款公司並不關心你母親的健康；他們擔心的是她不付錢，而凱文就得負責支付車子的款項，然後也付不出錢。

同樣打電話進來的還有喬伊，他很訝異自己因為十五年前替一棟拖車房作保，讓自己背了一萬六千美元的債務。他

哥哥的拖車房十年前被銀行以低於欠款一萬六千美元的價格賣掉了，現在，銀行則逮住了喬伊要他支付這筆差額，這件事讓喬伊非常生氣！大多數的擔保人都對自己到底捲進了什麼樣的情況沒有概念。

布萊恩寄了封電子郵件，告訴我他女友車子的事情。布萊恩替他女友那輛價值五千美元的車做了擔保。女友把車開走了，他也找不到人，最大的驚喜是，她都沒按時付汽車貸款呢！現在，要嘛讓自己的信用紀錄變糟，不然就得為這輛他找不到的車付貸款，而且還是為了一個他不想找到的女孩。這就是擔保：人財兩失。擔保實際上就是如此，除非你想要讓自己既心碎皮夾也空空，否則就不要替人作保。

迷思：我們需要預借現金、薪資貸款、先租後買、車輛典當短期借款，以及低信用貸款車商，好讓低收入戶能夠取得成功。

真相：掠奪性貸款中扒一層皮的例子，目的就是要占低收入戶的便宜，受益的只有那些放款的業主。

如果低收入戶踏入這些會剝一層皮的陷阱裡，他們將繼續待在社經階級的底層。那些貸方依附在貧戶或即將成為貧戶的人背上吸血，合法地致富。這類型公司的借貸利率通常超過一〇〇％，如果你想留在底層，那就繼續跟這些傢伙打

交道吧。你知道為什麼這種類型的公司只在城市中較貧困地區進行業務嗎？因為有錢人不跟他們玩這套。

薪資借貸是成長最快速的借貸種類之一。你會開一張你實際上沒有錢支付的兩百二十五美元支票，兌現日是一週後；正好是你的發薪日。對方會當場給你兩百美元的現金，目的是為了收取二十五美元的服務費，這相當於六五〇％的年利息！最近，麥克打電話到我的脫口秀節目裡，表示他掉進了薪資借貸的牢籠裡。他當時還沒進行金錢大翻身，按照老樣子在花錢。他不斷地借錢再借錢，直到他終於在自己創造的賭博遊戲中，一敗塗地為止。基本上，麥克就是跟一個貸方借錢去還另一個貸款的錢，無止盡的迴圈，直至成了一個財務上的死亡循環。他很恐慌，因為他被威脅要揭發他開空頭支票的罪行，而指控他的，正是那些藉著遲簽的空頭支票獲取暴利的業者。可悲的是，麥克唯一的出路就是戳破這個泡泡，他必須停止支付這些款項、關閉戶頭，並跟所有貸方見面，討論出還款計畫。意思就是他得要兼更多職、變賣家中物品。

這類型的業者是合法的高利貸。某些州，像是喬治亞州和阿肯色州，都有合法經營的薪資借貸公司。另外有些州，則是限制了可收取的年利息上限，像是紐約州和紐澤西州。甚至連聯邦政府都意識到了這個問題，在對軍職人員所提供的薪資借貸設定了三六％的上限，希望其他州也能跟進。

那些典型的低信用貸款車商也沒有好到哪裡去。這類型的交易通常都是針對較老舊、較便宜的車款。車商會購入這些車，並以相當於買車的錢，用頭期款的名目出售，因此，每週能收取一八％至三八％的利息油水。滿城的拖吊車駕駛都認得這些車輛，因為這些車被反覆出售，再被車商回購。車商每次售出同輛車，投資報酬率都會大幅成長。只要幾週的時間，你付的那些錢就足以買下這輛車了；事實上，如果買家稍微精明一點，光是頭期款就能夠買得起那輛車。

先租後買就像是脹紅著臉、尖叫著「我現在就要」的小孩，而且是最糟糕的例子之一。聯邦貿易委員會（The Federal Trade Commission）持續在調查這個產業，因為先租後買的實際利率平均都高於一八○○％。人們會去租用那些他們不可能買得起的物件，因為他們只看到「一週多少錢」，然後想著**我負擔得起**。好吧，不過當你去看實際數字，沒有人可以負擔得起那個金額。以九十週來算的話，平均而言，看似你每週只要付二十美金就可以擁有洗衣機和乾衣機了，但實際總價是一千八百美金；而全新的洗衣機和乾衣機用零售價五百美金就可以買得到，九成新的二手價格則是兩百美金。就像我的老教授說過的那樣，先租後買中，「買」的那個部分，「得要你長命百歲」！

如果你每週存二十美金，那麼十週後，你就可以用兩百塊美金的價格，直接入手先租後買商店裡的福利品了！或者

你可以從分類廣告或網路上買台二手的。週末，捨棄短暫的休閒時光，帶著零錢去街角的自助洗衣店，這樣子的辛苦是值得的。當你只思考眼前的時候，你就會一直讓那些掠奪型借貸業者扒你的皮。如果讓那個脹紅臉的小孩（「我要那個，現在就要！」）主宰了你的生活，你就會繼續身無分文！

> **❝** 我們會用我們並不擁有的錢去買我們並不需要的東西，只為了讓一些我們不喜歡的人對自己刮目相看。**❞**

如果你使用薪資貸款、低信用貸款車商和先租後買，請務必要知道你的財務正被摧毀中。這些生意都是在吸貧窮勞動者的血，如果你想要取得金錢上的勝利，一定要不惜一切代價地遠離他們。

迷思：九十天免利息，跟用現金一樣，等於是免費用別人的錢。
真相：九十天免利息跟用現金就是不一樣。

多數人所迷戀的愚蠢行銷手法導致了這樣的結果：我們會用我們並不擁有的錢去買我們並不需要的東西，只為了讓一些我們不喜歡的人對自己刮目相看。「九十天免利息，就跟用現金一樣」這句話在傢俱業、電子產品業以及家電產品

業裡，呈爆炸式流行。我最近遇到一位女士，她預支了一筆錢在寵物店買下她的狗。「但我很快就把買牠的錢付清了」，她驕傲地說道，算這隻狗好「狗」運，可以不必跟執行財產沒收的官員見面。

戴夫的怒吼……
終身壽險是項很糟糕的產品。你為什麼要因為自己的儲蓄付利息給別人？這完全不划算。

九十天免利息跟用現金就是**不一樣**。有三個基本原因：第一，如果你有辦法在店經理面前拿出一疊現金（一張張百元美鈔）──他有他的業績目標要達成──你有可能拿到折扣。如果你沒拿到折扣，就去他的競爭對手弄到折扣。在你簽下分期付款同意書的時候，是不會拿到折扣的。

第二，大多數的人都不會在預定的時間內繳清債務。就全美而論，這類型的合約有八八％都會轉為債務──而且是要負擔高達二四％到三八％的敲詐勒索型利率，並且會回溯到你購買當日開始計算。請不要告訴我你是會確實繳清款項的人。一套一千美元的音響設備（別忘了，你沒拿到折扣）不會讓你在九十天內致富，但是年息三％的一千美元存款，會在九十天內替你賺到七塊五美金，哇，你真是個理財天才！

第三，你這是在玩火，而且終究會引火上身。瑪姬打電話到我的廣播節目裡，說了一個小故事。她和先生在一家全國知名的電子用品店購買了一台大尺寸螢幕的電視。這對夫妻很早就付清了這筆款項，以確保自己不會掉進支付回溯到購買日的利息陷阱裡。只是他們沒那麼幸運。他們雖然拒絕了不便險和壽險（一百七十四美元），但顯然，保險業務員欺騙性地啟動了合約，這種事發生的頻率比你想像的更高。因此，儘管這對聰明的夫妻以為自己付清了電視的款項，卻還是有利息要付，並且一路回溯到整筆交易開始時。他們當時正在爭取自己的權益，但是，為了免除一筆低於一千美元的帳單，他們得花錢聘請一位筆跡鑑定專家，還有一位律師陪他們上法庭，即便他們並沒有欠下那筆錢。這令人很沮喪。「我們要免費用你的錢」這個小小算盤，反而讓自己惹得一身腥。我最近在同樣一家連鎖店，以現金買了一台電視；我拿到了折扣，並帶著我的電視回家，不用付錢打官司、不用付利息，也沒有任何謊言。九十天免利息跟現金就是不一樣。

迷思：車貸是一種生活方式；你一直都有的。

真相：一般來說，很多百萬富翁的做法是開一台可靠的二手車，好讓自己遠離車貸。

毀掉致富機會的最蠢行為之一，就是車貸。大多數的人在房貸之外，最大筆的還款支出就是車貸，所以車貸比其他事物都更會偷走你的薪水。聯準會指出，過去的六十四個月中，車貸費用平均是每月四百九十五美元。很多人一輩子都在償還車貸。當他們繳清一筆車貸之後，馬上就會繼續支付另外一筆，因為他們「需要」一輛新車。如果終其一生，每個月都得支付四百九十五美元 —— 而這麼做很「正常」—— 你就會錯失儲蓄的機會。如果你從二十五歲到六十五歲這段工作壽命期，每個月都拿四百九十五美元去做投資，而共同基金的平均報酬率是一二％（八年來的股市平均值），那麼你在六十五歲的時候，就會擁有五百八十八萬一千七百九十九又一毛四美金。希望你很喜歡那台車啊！

我在解釋先租後買有多糟糕的時候，有些人抱持著與我何干的態度，因為他們絕對不會讓這類公司有機可乘，但是對於車子的款項，處理得卻更糟糕。

如果你每個月都放四百九十五美元到餅乾罐裡，只要持續十個月，就會有將近五千美元的現金可以買車。我不是建議你終其一生都開著同一部五千美元的車，但這就是你開始零債務的方法。接著你可以再存到這樣的一筆錢，在十個月後換一部一萬美元的車；在下一輪十個月後，換成一萬五千美元的車。只要三十個月，也就是兩年半的時間，你就可以開著一部價值一萬五千美元的車，並且完全不必背車貸，也

沒有任何款項需要還。因為大眾普遍都有車貸而接受自己有車貸，並不是個聰明的做法。當你開著你的舊破車在存錢時，你身旁的親朋好友會嘲笑你嗎？可能會，但這是一個好的跡象，代表你走的方向是對的。

驚人的數據

有超過九七％的人都不會在定期支付的應付款項上，多還一點貸款。

身為破產過的百萬富翁，我爬出債務泥淖的方式是辨別什麼事情是看起來不錯、什麼事情是真的不錯。看起來不錯，指的是當你的親朋好友看到你的座駕，對你刮目相看的時候；真的不錯，則是你比他們擁有更多錢的時候。

你是否開始意識到金錢大翻身跟你的心態息息相關了？你必須做到不以他人的想法為主要的動力來源。達到目標才是你的動力來源。你對那個遊戲還有印象嗎，就是把一支大木槌高舉過頭、重重敲擊槓桿，然後把秤砣送上桿子敲響頂端鈴鐺的那個遊戲？你需要做到讓自己想要敲響鈴鐺的地步！就算你是個四十公斤重、如細竹竿般的人，又怎麼樣呢？當你敲響鈴鐺的時候，大家還是會對你刮目相看。當你把目標視為真正重要的事，而不是表相，那麼，你就已經走在通往金錢大翻身的路上了。

現在，我開的是一輛非常好、非常昂貴、還算很新的二手車，但我並非一直如此。我破產之後，開的是一部借來的、里程將近四十萬公里的凱迪拉克，車頂有點鬆脫，開的時候有點像張開的降落傘，車身絕大部分都是汽車修補劑的顏色。這輛修修補補的小破車我開了三個月，但是感覺起來彷彿十年之久。我當時是從一部捷豹，換成那輛借來的小破車！那可不有趣，但我知道如果我願意忍人所不能忍，之後就可以過上人所不能及的生活。現在，我很確信太太跟我可以在金錢方面為所欲為，有一部分原因就是來自我們在車子上所做的犧牲。我打從心底相信，我們之所以是勝利組始於心態的改變，內心的變化讓我們願意去開那部破舊的車來取得勝利。如果你堅持要一輩子開背負車貸的新車，你就會把一生的財富都砸在那上頭。如果你願意在一段期間內有所犧牲，就可以擁有一輩子的財富並開著高級車。我會選擇百萬富翁們的策略。

迷思：精明幹練的人都會租車。那種會貶值的東西你都應該用租的，並取得稅務上面的優惠。

真相：與消費者同一陣線的人、博學的專家，以及一台精良的計算機都會同意一件事：租車是使用車輛的方式中，最昂貴的一種。

《消費者報告》雜誌、《財智月刊》和我的計算機都告訴我，要擁有一輛車，租車是最糟糕的一種方式。事實上，你在做的就是以租代買。資金的成本，也就是利息，超級高。大部分當年份新車的租約都是在敲竹槓……糟透了！抱歉，但這就跟我對綿羊被剃下厚厚一層毛的印象是一樣的。汽車產業的說客力量強大，以至於法律並未要求租賃主必須完整揭露資訊。業界的論調是，你只是在租車，而你也的確是，所以不應該要求他們向你展示實際的利率。聯邦貿易委員會要求你在買車或是申請車貸的時候，需要填寫一份誠實貸款宣言，但是對於租約則沒有要求，因此你不知道你到底在支付哪些費用，除非你精於計算。我透過我提供諮詢的對象看過數百份租賃合約，我的理財計算機確認了平均的利率是一四％。

> ❝ 大部分當年份新車的租約都是在敲竹槓。❞

　　會貶值的東西難道不應該用租的嗎？不一定，可以確定的是關於車子這部分，數字告訴我們的是：不應該。我帶你用這個例子來看：如果你租一輛價值兩萬兩千美元的車，租用期間是三年。三年後，當你把這輛租來的車拿去還，價值是一萬美元，有人得要負責那一萬兩千美元的損失。你可不笨，所以可以想見通用汽車、福特汽車或其他汽車大廠都不

會制訂出那種會虧錢的計畫。你被敲的那筆竹槓／你的租約，目的就是在彌補這筆貶值後的損失（一萬兩千美元分攤成三十六個月，就是每個月三百三十三美元），而且還帶來獲利（你支付的利息）。

你**哪裡**占到便宜了呢？你沒占到便宜！不僅如此，在你超過租約規定的里程數之後，每一·六公里你還會被加收十到十七分錢，而每一個還車的人都會經歷車子「磨損和擦撞」的懲罰，包含每道刮傷、刻痕、地毯破損、污漬或者是氣味。最後，你會為了租車之後的抽身而開出一張巨額支票。懲罰的概念有兩層意義：為了讓你再租另一部車／再敲你一筆，如此你才能把這些被抓到的小辮子無痛轉到下一張租約，同時也確保汽車公司賺得到錢。

《財智月刊》引用了全國汽車經銷商協會的說法：用現金購買一輛新車，平均會讓經銷商賺到八十二美元的收益。而若經銷商成功讓你跟他們借錢，他們就會銷售這份融資合約，平均一輛車就可以賺到七百七十五美元！又如果他們可以在這輛車上敲你一筆，他們就可以把這份合約賣給當地的銀行或是通用汽車金融服務公司、福特信貸公司、豐田金融公司等這類機構，平均價格是一千三百美元！一般的汽車經銷商都是透過金融商品賺到大錢，而非銷售新車。

經銷商知道這是他們最大的利潤中心，所以這種用車子敲詐的做法正在爆炸性地成長。我們生活在一種已經不再去

詢問「多少錢?」的文化中,而是問「頭期款多少?每個月要付多少錢?」如果你向來只看單月開支的話,就會一直被敲竹槓,因為這種頭期款和每月需付款的金額都會比一次付清少,但就長期而言卻貴得多。那個脹紅臉的小孩又再一次用不智的方式買下了他付不起的東西,接著再合理化自己的愚蠢。如果你想要金錢大翻身,這套脹紅臉的把戲是無法讓你成功的。

克雷格打電話到我的廣播節目裡就租車的事進行辯論,因為他的會計師說他應該用租車的方式(證明有些會計師連算術都不會,或是懶得花時間去做算術)。克雷格有自己的公司,而且認為如果公司有一輛車,它所帶來的免稅額,會讓租用汽車變成一種聰明的做法。當時克雷格有一筆兩萬美元的現金,可以買下他想要的車齡一年的車;但是他沒有這麼做,而是去租了一部價值三萬美元的新車。他漏掉了兩件重要的事。首先,九八%的租賃合約都是以新車為標的;第二,為了免稅而替公司創造出非必要的開支,這算術做得不對。

假設克雷格每個月花四百一十六美元租車,一年就是五千美元,並且百分之百作為公務車使用(這種可能性微乎其微,而且在大多時候都過不了稽核)。如果拿到五千美元的免稅額,就不必替這筆錢付稅金;如果克雷格沒有申報五千美元的免稅額,就得為五千美元納稅,大概是一千五百

美元。所以，克雷格的會計師建議他，為了避免繳納一千五百美元給政府，不如雙手奉上五千美元給租車公司，聽起來他好像不會算術似的。不僅如此，克雷格現在還得為一部正在貶值的三萬美元汽車負責，而不是那部兩萬塊、已經歷經第一年最大幅度貶值的二手車。

我的公司擁有自己的車。我們可以用直線折舊法或者註銷里程的方式來節稅。如果你公司開的是很昂貴的車且里程數很高，那就用里程扣除法。如果你跟我一樣，開著昂貴的車，但是里程數並不高，那就用直線折舊法。兩種節稅法都可以使用，還不用支付愚蠢的汽車租金。如果你沒開公司，也不懂我剛剛所說關於免稅的一切，那也不用擔心。你只要知道，身為睿智的企業主，你是不會想要租車的。

迷思：你可以用零利率的方式拿到一筆不錯的新車交易。

真相：新車在前四年會折損六〇％的價值，那樣的利率可不是零。

我們在前面章節討論過多種形式的新車購買方式。然後，喔不，你無法負擔新車，除非你是百萬富翁，才有能力為了新車的氣味虛擲幾千美元的損失。一輛好的、車齡小於三年的二手車，跟新車一樣可靠，甚至更可靠。一輛兩萬八千美元的新車會在前四年減損一萬七千美元的價值，幾乎

是每週貶值一百美元。如果你不清楚我的意思，就每週在上班的路上，搖下車窗，扔一張百元美金大鈔出去看看。

> ## 通常百萬富翁開的都是車齡兩年的車，且沒有分期付款。

通常百萬富翁開的都是車齡兩年的車，且沒有分期付款，一次買斷。普遍而論，百萬富翁都不願意承擔新車所帶來的損失；他們就是這樣成為百萬富翁的。我並不是說你完全沒有機會開新車，而是等到你非常有錢，連損失一大筆錢都沒感覺的時候，你就可以負擔得起這種奢侈品。汽車經銷商會說買二手車是在「買其他人的麻煩」。那他們幹嘛賣二手車？這樣不是很不道德嗎？事實上，大多數九成新的二手車的問題都被修好了，會被賣掉並不是因為那些車很爛。大約八〇％的新車都會被拿去出租，所以，你買到的很有可能是一輛之前被用來出租的車。我最近買過的兩輛車是車齡分別為一年和兩年、里程數很低的前出租用車。

如果你理解我所說的大幅貶值是什麼意思，你現在就會意識到那個「零利率」並非真的「零成本」。雖然借來的錢在技術上對你來說沒有成本，但是你得承擔價值上的折損。零利率常常被人用來合理化他們對於新的代步工具的「需求」。因此即便利率相當吸引人，也不要考慮那麼做，整筆

交易仍舊代表著每週把一張百元美金大鈔丟出車窗外一樣。

　　有些人會因為保固的理由而買新車。如果價值在四年內就會折損一萬七千美元，平均下來，你在保固上的花費也太高了。一萬七千美元的話，都可以把車徹底翻新兩次了！同時也要記得，當你買的是九成新的二手車時，同樣享有製造商的保固期。當你開始進行你的金錢大翻身，可能開著一部小破車，而你的目標是抗拒零利率迷思的誘惑並去買高品質的二手車。（還是想買一部新車嗎？不可否認新車看起來很漂亮、聞起來很香、開起來非常順手——但是日復一日、年復一年被貸款追著跑，感覺會很糟。）

迷思：你應該弄張信用卡來累積你的信用。

真相：金錢大翻身之後你就用不到信用了，房貸倒是有可能，但如果是這個原因，你並不需要信用卡。

　　最厲害的迷思就是這個「建立信用」的迷思。銀行家、汽車經銷商以及缺乏見識的借貸業者，多年來都在鼓吹大眾「建立信用」。這則迷思意味著我們需要讓自己背債，獲得更多的債務，因為我們就是靠債務買東西的。我們這些經歷過金錢大翻身的人發現到，用現金買東西比用債務買東西更好。但如果我在兜售債務，像是銀行家那樣，我也會告訴你去利用債務。然而，這是一個迷思。

如果你想要的生活是充滿信用卡、學生貸款以及汽車貸款，沒錯，你會需要透過借款和按時還款的方式來「建立你的信用」。我可不想。有個問題是我們必須要問的：「我要如何取得貸款買房？」等等我會告訴你一個一〇〇％頭期款計畫；又假使你堅持非要貸款不可，我也會教你如何拿到一份十五年固定利率的房貸。但如果你想要拿到十五年期固定利率、每月還款不超過你實領工資的二五％的房貸；不需要信用紀錄嗎？不用。

> ❝ 如果你生活得當，就可以拿到房貸。 ❞

你需要找到一家真正做承銷的房屋貸款公司。這意味著他們夠專業，可以分析你的生活細節，而不是只看信用積分（傻瓜借貸法）。如果你生活得當，就可以拿到房貸。讓我來定義什麼是「生活得當」。

如果你符合下列條件的話，就符合傳統十五年固定利率貸款資格：

- 持續兩年內，都有準時或是提前繳交房租。
- 在同樣的產業中工作了兩年。
- 有一筆數字不錯的頭期款，不是「兩手空空」。
- 沒有其他信用紀錄，好、壞皆然。

- 並非試圖取得一大筆貸款。每月還款不超過實領薪資
  的二五％是相當保守的估計，有助於你符合資格。

信用積分是一個「我愛債務」的分數。根據信用積分網
站表示，信用積分的決定方式是：

三五％　　還款紀錄
三〇％　　債務等級
一五％　　負債時長
一〇％　　新債務
一〇％　　債務種類

因此，如果你不繼續借錢，你的信用積分就會降低。這
個分數並不代表你在金錢方面取得勝利，或是你擁有百萬財
富；僅只在數學上展現了你對債務的熱愛。請不要拿你的信
用積分來自吹自擂，那會讓你看起來像是在拍銀行馬屁。

所以，少了信用積分你能拿到房貸嗎？許多房貸公司都
變懶了，只憑信用積分貸出款項；有些則不知道沒有分數要
怎麼貸出款項。但是在我寫作的當下，你還是有辦法在信用
積分為零的狀況下，取得房貸。你不會想要自己的信用分數
很低；要嘛就是很高分，不然就乾脆不要有分數。順帶一
提，我自己是零分——因為我已經好幾十年沒有借過錢了。

迷思：你需要信用卡才能租車、入住旅館，或是在網路上購物。
真相：金融卡也都做得到。

Visa 金融卡或是其他連結到你支票帳戶的卡片，基本上，都能讓你做到信用卡所能做的事。我自己的帳戶和公司的帳戶都各有一張金融卡，沒有信用卡。當然，你必須有錢才能用金融卡買東西，而用你現在持有的金錢支付你買的東西，正是金錢大翻身的一部分。有些租車公司不收金融卡，但大部分都接受。即便大部分都收金融卡，你還是要事先跟租車公司確認。我常使用金融卡在網路上購物、入住旅館。事實上，我每年都會在國內旅行好幾趟去發表演講和辦見面會，而我的金融卡讓我可以在沒有債務的情況下，取得生活中美好的事物。

要記得，有一件事情是金融卡**做不到**的：讓你負債。

迷思：金融卡的風險比信用卡更大。
真相：一點也不。

當我提到用金融卡線上購物以及預訂旅館時，你們當中有些人可能會有所疑慮。認為用金融卡進行這類交易的風險比較高。金融專家已經散布這個迷思到變成都市傳說的地步

了。而事實是，Visa 的規範要求發卡銀行要對金融卡提供跟信用卡同等級的保護，以免資料竊取和詐騙行為。如果你有疑慮，可以上 Visa 官網查閱責任說明。我直接聯繫了 Visa，而他們寄來了如下的聲明：

> Visa 的責任政策涵蓋所有 Visa 於網絡上經手的 Visa 信用卡——以及金融卡的交易。Visa 將信用卡的保護以及福利政策延伸至其金融卡上——包含持卡人因商品不良、未收到商品、金額超收等原因與商家產生之紛爭，發卡行得以持卡人之名義解決之。

但是要記得，為了獲得全面的保障，一定要確認你使用金融卡的交易方式有遵循信用卡使用原則——不要洩露你的**密碼**。我就是這樣做的。

迷思：如果你每個月都有繳清信用卡費，就可以免費用別人的錢。

真相：CardTrack 表示，六○％的人不會每個月繳清信用卡費。

如同我所說的，玩火是會引火上身的。我聽過各種為了讓毫無戒心的人上鉤的釣魚方式。送你免費的贈品、飛機里程、免費使用別人的錢、註冊費優惠——為了引誘你辦信用

卡的誘餌遠不只這些。你有沒有想過，他們何必花那麼多力氣要你辦卡呢？答案就是因為你會輸而他們會是贏家。

> **❝ 玩火是會引火上身的。❞**

你不見得會使用那免費的贈品，而且根據 MSNBC.com 網站，九○％的飛機里程數都沒有真正被使用。下次你到有信用卡優惠的店裡時，你就會忘記你的現金、就會刷卡，然後無止盡的迴圈又開始了。你可能會想著：**我都有繳清信用卡帳單，所以我用的是他們的錢，我是贏家**。又錯了。有一份針對在麥當勞使用信用卡的研究發現，人們刷卡時會花比付現多出四七％的錢；當你用現金消費的時候會心痛，花錢就會比較節制。

這裡有個大哉問：百萬富翁都怎麼做？他們不是因為免費贈品、飛機里程或是用別人的錢而致富的。口袋空空的人又怎麼做呢？他們會刷信用卡。美國破產研究所有一份報告顯示，聲請破產的人當中，有六九％皆表示卡債是導致他們破產的原因。

在開始執行戴夫的計畫之前，我因為工作和財務狀況壓力大到胸痛住院。我跟我太太住在舊金山灣區，我們的收入很不錯，卻總是生活在壓力之中。多年來，我們都很想要搬到離我們孩子和孫子、父母以及手足更近的地方。但是我們身上的債務不允許我們搬到一個可能較低薪的地區。

在每天長時間的上班通勤中，我們聽到《戴夫‧拉姆齊秀》，當時我們有九萬五千美元的債務。我們很快就意識到他說的是實話，而且很多都與常識息息相關。我們剪掉信用卡，並依照《躺著就有錢的自由人生》裡勾勒的那些小小步驟，建立起一套攻克計畫。我們在十八個月內還清了所有的消費性債務和車貸，還存下了六個月的緊急基金，並且有一套在七年內付清房貸的計畫。

當我們甩掉全部的消費性債務時，發生了一件有趣的事；高壓的工作不再是財務上的必須，我們也沒有感受到那麼強的生活壓力，而且，那是我們第一次能夠看到隧道盡頭的光。上帝透過戴夫回應了我們的禱告，並且讓我們清楚地看到我們如何能搬到離家人

更近的地方！

　　我們現在沒有任何的債務，包含房貸。我們每週都可以見到家人，也可以參加多年來錯過的那些美好的活動。我們現在依然會把收入的一五％存起來，並心懷喜樂地捐贈給教會和慈善機構，希望能回報並持續收到這些祝福。

　　我們告訴所有願意傾聽的人關於戴夫和他財務上的平靜這份大禮。丟掉信用卡並清除我們那些可觀的卡債解放了我們，我們可以接受較低的薪水，把更多精力放在真正重要的事情上。太太跟我以前很幸福，但現在我們在生活中感受到真正的喜悅。

艾倫（四十八歲）和

洛妮·克洛夫（四十七歲）

兩人皆從事資管相關工作

迷思：一定要給你處於青少年階段的孩子一張信用卡，他才能學到要對金錢負責。

真相：給青少年階段的孩子信用卡，是在教導他們不用對財務負責任。這就是為什麼現在的青少年是信用卡公司的首要行銷對象。

前面已經闡述過信用卡的邪惡，因此在青少年的案例中我便不再重複。我僅做補充說明，把自己正值青少年時期的孩子丟到充滿鯊魚的水池裡，可以保證他們和你自己終其一生都將頭痛不已。超過八八％的準大學畢業生，在還沒開始工作前，就已經背負了卡債！信用卡行銷人員做得非常全面，使得信用卡被視為一種過渡到成年的儀式。美國青少年如果拿到信用卡、手機和駕照，就會感覺自己是個大人了。遺憾的是這些「成就」與真正成熟的大人毫無相關。

> **當你給十六歲的孩子一張信用卡時，並不是在教導他花錢要負責任的態度。**

當你給十六歲的孩子一張信用卡時，並不是在教導他花錢要負責任的態度，這和讓他帶著一把裝滿子彈、拔掉安全插銷的槍上床睡覺，目的是要讓他學會持槍的責任沒什麼兩樣。在這兩個例子中，身為家長的都很愚蠢。任何有常識的人，都不會拿一杯啤酒給一個十六歲的孩子，藉此來教他怎麼掌控自己的酒量。透過給青少年信用卡，父母，也就是被他們視為可信賴的人，其實是將一種對財務有害之物交到他們手上，還支持他們使用，但不幸的是，這在今日的家庭中很普遍。家長應該要教孩子的不是這個，而是如何說「不」。近年來，但凡進去過大學校園的人，都會對於以咄咄逼人方

式向這群沒有工作的學子強力推銷信用卡感到震驚，這可能帶來毀滅性的結果。奧克拉荷馬州有兩名大學生拋下信用卡債，在床上自殺了，他們身亡時，帳單就擺在身邊。

我十八歲的時候拿到人生的第一張信用卡。拿到那張卡感覺就像是變成大人的一個過渡儀式，即便我當時並不知道信用卡是怎麼運作的。我甚至不確定我當時是否理解那些錢是要還的。

我最後丟了工作。帳單開始如雪片般飛來，因此我搬出了公寓，住在我的卡車裡好節省一些現金。接著，我的卡車也被沒收了！有太長一段時間，我用信用卡買所有的東西。我完全沒有在做預算，也持續將刷卡金額視為收入。

結婚後，依然持續的債務使得我和太太充滿極大的壓力和焦慮。我們當時住在第八 區有住房補貼的房子——而我太太很怕一個人待在那裡！我們是月光族，只能期望災難不會突然降臨。我們跟生活之間沒有任何的緩衝，我們不知道緊急狀況什麼時候會突然襲擊我們。

我從廣播上知道戴夫，並依照他那些小小步驟開始行動，也讀了《躺著就有錢的自由人生》。沒有緊急基金讓我太太很緊張，於是我們在應急基金到位前，把信用卡剪掉了。我們以兩個人加起來三萬美金的年薪付清了一萬美元的負債，現在我們是無債一身輕！

我們在製作預算的時候幾乎不再意見分歧了。每份薪水，我們都會分成十等份，先給自己一份（存款！）、支付帳單、然後使用信封系統來管理我們的開支。我訂了二十本《躺著就有錢的自由人生》，並開心地分送給我的同事，如此一來，他們也能體驗到無債一身輕，且手上還有多餘現金可以買東西是什麼滋味。

我從對自己的金錢完全無知到變身為零債務，甚至試著幫助他人獲得財務上的平靜！

　　　　　　大衛（三十歲）與

　　　　　　泰蘿·傑瑞（二十五歲）

　　　　　　技術服務人員／小型企業主；

　　　　　　臨床助理

文斯帶著一個已成趨勢的問題來電到我的廣播節目。文斯大學二年級時，為了拿到免費的校園 T 恤辦了很多張信用卡。他原本是不打算用這些卡的，除非是緊急狀況，然而，

每週都有「緊急狀況」發生，他很快地就背了一萬五千美元的債。因為付不出這些錢，他休學去找工作。問題在於，沒有文憑，他能賺到的錢非常有限。更糟的是，他還有兩萬七千美元的學貸。當你還在學，不會有學貸需要還，可是，一旦你休學或是畢業離開學校時，就得開始還款。二十一歲的文斯相當恐懼，他有四萬兩千美元的債務，但年收入只有一萬五千美元。更令人驚恐的是，文斯這樣的狀況很「正常」。美國破產研究所表示，聲請破產的人當中，有一九％都是大學生，意思就是每五件破產案裡，就有一件是由年紀很輕的人所提出。這些人的人生方才起步就在財務上慘遭滑鐵盧。你還會認為給青少年信用卡是明智的嗎？我希望不是。

　　借貸公司之所以如此強力對青少年進行行銷是因為品牌忠誠度的關係。借貸公司研究發現，消費者對於第一家發卡給自己、認證自己是成人的銀行有著很高的忠誠度。我在見面會上剪斷信用卡的時候，發現人們對於在大學拿到的第一張卡的情感依戀，強烈到令人驚嘆。他們像是對待一名老朋友般緊緊握著那張卡片不放。品牌忠誠度是真實存在的。

　　美國各地有數千所學校都在使用我們名為「個人理財基礎」的課程教育。其結果相當驚人。青少年在尚無需進行金錢大翻身的時候，就已經認識了這套計畫。最近有位這套課程的畢業生，十五歲的雀喜兒，她說道：「我覺得這門課徹

底改變了我的生活。只要我看到有人在使用信用卡，我就會想：哇！他們怎麼可以對自己的生活做出這種事情？我以前總認為人一定得要付卡費、房貸、車貸。現在，我理解到沒有必要。」太酷了，雀喜兒。

針對兒童的品牌行銷

你得及早教育你的小孩，因為「針對兒童的品牌行銷」今天已然是個常態。我兒子十一歲時，看到葡萄乾穀片紙盒背面印著：「Visa……《鬼靈精》中胡家鎮[2]的官方信用卡。」我不是這則廣告的目標受眾，我的孩子才是。放貸方愈來愈早開始對孩子傳遞關於依賴塑膠貨幣的訊息。幾年前，美泰兒[3]推出了萬事達卡贊助的「酷炫購物芭比」，當然，這個「酷炫」寶貝擁有自己的萬事達卡。當她刷那張卡的時候，收銀機會顯示「信用卡已批准」的字樣。美泰兒在遭到消費者強烈的抗議下，下架了該產品。幾年前，芭比又推出了「芭比收銀機」，顯然這位女士購物量相當大。這台收銀機搭配了自己的美國運通卡。這些公司為什麼要賣這些產品給孩子們呢？針對兒童的品牌行銷明顯意圖影響他們未來對於卡片的選擇。這是不道德的。

---

2. 譯者註：美國知名童書系列《蘇斯博士》中的作品，胡家鎮為故事中虛構的地點。
3. 譯者註：美國著名玩具品牌，最有名的玩具產品包含芭比娃娃等。

我創造出可以進行機會教育的時刻，用常識去對付那些針對兒童的品牌行銷。我教導孩子要工作 —— 不是像新兵訓練營那樣，而是做家事領佣金，平日不會給他們零用錢。工作後獲取報酬；不工作就沒有錢拿，與現實世界一樣。我的孩子會把賺來的錢分別放在一個個標有「儲蓄」、「花費」、「捐贈」的信封裡。當孩子在成熟的家長引導下，學會去工作、存錢、花錢以及捐贈，就可以避免被信用卡鋪天蓋地的行銷給說服。

> ❝ 工作後獲取報酬；不工作就沒有錢拿。❞

迷思：債務整合貸款可以節省利息，你就只有一筆較小的款項要償付。

真相：債務整合貸款很危險，治標不治本。

　　債務整合貸款 —— 只是一場騙局，因為它會讓你以為自己對於債務問題做了些處理。債務還在那兒，造成債務的習慣也還在，你只是挪動了你的債務而已！在洞裡一路往地下挖，是無法讓你爬出洞外的；而借錢是無法解決債務問題的。賴瑞・柏奇（Larry Burkett）說債務不是病灶、只是表症，我認為債務是花費過度與儲蓄過少的表面症狀。

　　我有個朋友在債務整合貸款公司工作，他們的內部數據

統計，在整合卡債之後，有七八％的人會再度背上債務。為什麼？因為那些人還是沒有一套作戰計畫，像是用現金付款、或乾脆停止購買，也沒有為「預料之外的事件」做儲蓄。

債務整合貸款看起來很吸引人，因為針對某些債務的利率較低，定期還款額也比較低。但是，幾乎在我們檢視的所有案例中都發現，之所以有較低的還款額不是因為利率真的比較低，而是因為時間的延展。如果你背債的時間愈長，每次要償付的額度就會較低；如果你背債的時間愈長，要付給貸方的總額也就更多。這就是為什麼會有債務整合貸款這門生意。解決問題的答案並非利率，而是金錢大翻身。

迷思：借款額度高於我房子的價值是明智的，因為我可以重整
　　　債務結構。

真相：你被房子套牢了。

今天，我在廣播節目上接到一通電話，是一名瀕臨破產而絕望焦急的男士打來的。他用二次房貸——一種房屋淨值貸款——借了四萬兩千美元。丹恩的初級房貸，額度是十一萬美元，這使得他房貸的最新總額變成十五萬兩千美元。他的房屋價值是十二萬五千美元，因此，他在房屋價值外，還多欠了兩萬七千美元。他兩個月前失業了，幸運的是他剛剛在別州找到了新工作，但是他不能賣掉他的房子。他十六年

來都做著同一份工作，認為自己安全無虞，但是僅僅幾個月的時間，他就「深陷泥淖」。

我給丹恩的建議是，致電給二次房貸的貸方，取得對方知悉這筆貸款其實沒有任何抵押品的事實；即一百年後，他們也拿不到抵押品的所有權。但是，在初貸公司取消抵押品贖回權時，他們將會起訴丹恩。因此，在要求次級貸方解除第一筆抵押貸款以外的銷售收入留置權後，丹恩簽下一張本票，支付了剩餘的欠款。丹恩接下來好幾年都要替一間他早已不持有的房屋償還二次房貸。和大多數人一樣，他用信用卡還完二次房貸、支付醫療費用、以及其他生活問題上的開銷——他只是挪動了債務。今天，丹恩在另一個州工作，他寧願承擔當初所有的債務（不使用二次房貸借款），並保有那棟他可以輕易出售的房子。

迷思：如果沒有人使用債務，我們的經濟就會崩潰。
真相：不，經濟將會更繁榮。

有時候經濟學專家會覺得有需要提出這個荒唐的情境。我的夢想是盡可能地讓更多人透過金錢大翻身擺脫債務。不幸的是，我可以賣出千萬本書，但每年還是會有七十億份信用卡的申請書，換句話說，我完全沒有失業危險。世界上最好的減重計畫也無法保證不會有過重的人。

" 如果沒有任何要償付的款項，人們會做些什麼？"

　　但是，為了好玩，我們來假裝一下。假如所有人在一年內都停止了各式各樣的借貸，會怎麼樣呢？經濟會崩潰。又假使所有人在接下來的五十年內都停止使用任何形式的債務，也就是一場漸進式的、徹底的金錢大翻身，會怎麼樣呢？經濟會更繁榮，僅管銀行和其他借貸業者會苦不堪言。我會到處看到愁眉苦臉的人嗎？如果沒有任何要償付的款項，人們會做些什麼？他們會儲蓄和消費，而不是支持銀行。無債務者的消費將促使經濟繁榮。經濟會變得更穩定，不會有消費者缺乏信心所帶來的金融海嘯。（消費者信心是經濟學家用以衡量你基於對經濟感覺良好，而願意過度消費的程度，全然不會考慮到你是否深陷債務。但如果消費者沒有任何債務且收支平衡，消費者的信心基礎就會很穩固。）儲蓄以及投資會帶來財富，並且是以前所未有的程度在累積，而這會帶來更高的穩定和消費。捐款會增加，社會問題會私有化；因此政府就可以放掉社會福利。接著稅收就可以降低，我們就會擁有更多的財富。誠如偉大的哲學家奧斯丁・鮑爾[4]（Austin Powers）所言：「資本主義，太棒了，寶

---

4. 譯者註：電影《王牌大賤諜》的主角。

貝啊！」哇，資本主義太讚了，那些擔心富人跟窮人之間的差距兩極化的人，不必再去找政府解決問題；只要號召一次全國性的金錢大翻身就行了。

債務不是一種工具

你開始理解債務並**不是**一種工具了嗎？這個迷思還有其中包含的小小迷思傳播得又遠又廣。你要始終記得一個概念，如果你反覆說同樣一個謊，頻率夠高、時間夠久且聲音夠大，那麼人們就會把那項迷思當成是真相。重複、聲量、時間都會扭轉迷思和謊言，使其搖身一變成大眾所認同的常態行為。這一切到此為止了。債務不是工具；債務是讓銀行變富有的方法，不是你。借款人其實就是放款方的奴僕。

你建立財富的最大資產就是收入。當你的收入被綁住，你就會輸。而當你投資自己的收入，就會變得富有、可以隨心所欲地去做想做的事。

如果沒有債務要償還，你每個月可以捐多少錢、存多少錢、花多少錢呢？你的收入就是建立財富的最佳工具，而不是債務。你的金錢大翻身就始於你徹底轉換了對於債務迷思的看法。

> ❝ 債務不是工具；債務是讓銀行變富有的方法，不是你。❞

第四章
金錢迷思：致富（沒有）祕密

　　大多數金錢迷思都與捷徑或風險的謊言有關。我們殷切地期望著可以毫不費力、毫無風險地變健康、富有與聰明，但這永遠不會發生。為什麼彩券可以如此成功地吸金數百萬美元？人們為什麼做著他們討厭的工作以尋求虛假的安全感？金錢大翻身的心態是要忍常人所不能忍，以便之後可以過上人所不能及的生活；這是需要付出代價的，而且沒有捷徑。沒有人會去自尋不必要的痛苦、風險或是犧牲，但當某些事情聽起來好到難以置信時，很可能就不是真的。這個章節裡的迷思，深植於兩個最基本的問題。第一個是否認風險，認為徹底的安全是有可能發生的。第二個問題是希望輕易致富，或是尋找打開寶箱的那把魔法鑰匙。

否認風險

　　在金錢的世界中，否認風險有幾個不同的形式。有時候否認風險是一種怠惰，也就是當我們不想承認要獲勝一定要花費力氣；有些時候，否認風險是一種投降，我們安於眼前糟糕的解決方案，因為我們被擊敗了，導致我們揮舞著白旗

做了一些傻事。還有些時候，否認風險有更積極的成分，就是當我們試著尋找根本不存在的虛假安全感；例如做著自己討厭的工作長達十四年的人，確信公司是安全的，當他們在這個「安全」的公司聲請破產之際，人生也跟著天翻地覆。金錢相關的否認現實通常與錯覺有關，隨之而來的就是幻滅。

簡單賺來的快錢

第二個基本的問題就是想要找尋賺錢的簡單方法。簡單好賺的快錢，是人類史上最古老的謊言，或者說是迷思之一。致富的祕密並不存在，因為致富的原則都不是祕密。魔法鑰匙是不存在的，如果你還在尋找那把鑰匙，你已經準備好讓自己走向痛苦和金錢損失。我的一位牧師說，用正確的方式過生活並不複雜；可能很難，但並不複雜。擁有正確的財務生活也一樣——並不複雜；可能很難，但並不複雜。

> **❝ 致富的祕密並不存在，因為致富的原則都不是祕密。❞**

迷思 vs. 真相

作為你金錢大翻身的一部分，除了債務迷思之外，我們還必須要消除其他的金錢迷思，這些迷思大部分都深植在我們討論過的問題中：否認以及抄捷徑的心態。

迷思：等我退休的時候，一切都會順利的。我知道我目前還沒有存款，但船到橋頭自然直。

真相：救兵是不會來的。

　　我要怎麼委婉地說呢？並不會有一位騎白馬、戴盔甲的騎士趕來救你。醒醒吧！這裡是現實世界，這裡有的是又老又傷心啃著餅乾過日子的人！不要再活在幻覺中，認為這個在金錢方面既無能又愚蠢的政府會好好照顧你的晚年生活。那是你自己的責任！事態緊急，火已經燒到你家門口了！你必須要存錢。你必須要投資自己的未來。不會**船到橋頭自然直**，你看清楚了嗎？

　　我們生活在一片沃土之上，而到最近，這讓許多人感到麻痺，認為一切都會「好好的」。事情不會好好的，除非你讓它們好好的。你的命運以及尊嚴都握在自己手上。你要對你的退休全權負責。在這本書後面一點的章節，我們會談到要怎麼負責，但是現在，你最好百分之百相信這一點，從**現在**開始，就要投入全部的注意力——不是明天或很快的將來。就我個人而言，我並不想要退休之後去麥當勞工作——除非那家麥當勞是我的，而且位於美屬維京群島中的聖托馬斯島。

黃金一直被視為人人都該擁有的穩定投資標的，也因此
被兜售。古老的智慧之言說道：「自古以來，黃金就是人類
用來交換物資和服務的基準。」傳播迷思的人順藤摸瓜跟進
這種說法，並表示在失敗的經濟體中，黃金是唯一可以保值
的東西。「你會擁有所有人都想要的東西」這套推銷辭令即
是如此延續下去的。聽到這些行銷話術，人們就會在懷抱虛
假的安全感、對風險否認的幻覺下，購買黃金作為一種投資。

真相是，黃金是很差勁的投資標的，長期以來的表現一
直都不怎麼樣。遠自拿破崙時代開始，平均投報率約在年
增二％上下。在比較近代的歷史紀錄中，有五十年的時間
裡黃金的投資報酬率約為四‧四％，跟通貨膨脹比率大致相
同，只比存款利率稍高一點點。然而，同一期間，透過良好
的成長型股票共同基金的獲利，可以落在一二％左右。不
過，在那五十年間，波動高到不可思議，還有大量的風險。

雖然自二〇〇一年起，黃金表現得非常好，但綜觀歷
史，也僅有這五年可以看到如此良好的投資報酬率。而且，
這樣的報酬率大多是基於九一一事件、以及二〇〇八到二

○○九年的經濟大海嘯所帶來的末日情緒所推進。

還有一件很重要的事，即經濟垮掉時，黃金並無用武之地。歷史顯示，當一個經濟體徹底崩潰時，首先出現的會是以物易物的黑市系統，人們會用物資換取其他物資或服務。在原始文化中，日用品常常會成為交易的媒介，在失敗的經濟體中，同樣的現象也會短暫發生。某項技能、一條藍色牛仔褲或一桶瓦斯都會變得價值連城，金幣或金塊則否。當一個新政府從一片斷垣殘壁中崛起時，通常會建立新的紙幣或錢幣系統。黃金充其量只能起到次要作用，而黃金投資客將感到懊惱，轉而認為在一個失敗的經濟體裡，房地產或知識才是當初比較好的避險標的。

迷思：如果我加入這些社團、買了這套課程，那麼我每週工作三小時就可以快速致富。

真相：沒有人是每週工作三小時就可以賺取六位數的美金收入。

最近有位男士寄了一封電子郵件給我，他做了個提案，提到可以給我五百倍的投資報酬率。他表示自己對於這筆「投資」的前景相當看好，也讓幾位朋友參與了這筆交易（噢，不）。他行程滿檔，空檔不多，但如果我想跟他見面的話，他會騰出時間來。謝謝先不用，我不知道那是什麼，但我知道這是場騙局。五百倍的投報率不會成真，我不會浪費

時間去討論或試著找出其邏輯上的缺失。這就是一場騙局，就此打住。遇到這類人，趕快逃走，逃得愈快愈好！

笨蛋數學以及愚蠢稅

答案就是，朋友啊，財富會消失在風中

一部兩萬八千美元的新車在前四年會貶掉約一萬七千美元的價值，要得到同樣的結果，可以在通勤的途中，每週把一張百元美金大鈔丟出車窗外。

我年輕時，常常成為獵物；後來，我經常跟這些傢伙見面，試圖找出其中的缺失所在；現在的我只會憐憫地搖搖頭——因為我知道他正朝向痛苦和損失前進，他的朋友們也是。

你有沒有看過那種深夜的廣告訊息，關於訂購藏有「祕密」的課程，讓「你也可以」透過購買完全不必付頭期款的房地產投資、或在股票市場取得成功的祕密公式進而有錢到發瘋？各式各樣的商業小點子比比皆是，比如靠著塞信封和算醫療帳單就能在家致富。實際一點好嗎，使用機器來裝填信封袋每分鐘可達數千件的速率，成本只要零點幾分錢而已；這些信封不是想要貼補家用的全職媽媽們努力塞出來的！每一千人中，就會有一個人去嘗試那個被過度推銷且過度飽和的醫療帳單生意，試圖以此獲利。合法、有獲利空間

的醫療帳單計費者通常是來自醫療產業的人，而不是某個花了一筆大錢、週末去上課的人，別上當了！

你可以不負擔任何頭期款就買到房地產，但是接下來你欠的錢會多到讓你手上沒有任何現金流，每個月你都得要「餵養」它。多年來，我都在購買法拍屋以及破產者的不動產，我知道這是可以做到的，但是手上有現金的人才是最後的贏家，而且每兩百筆中，才會有一筆好交易，那還得是你經驗夠豐富且業務技巧高超才辦得到；我每週工作六十個小時，而且花了好多年時間才在房地產上擁有六位數美金的收入。

股票市場會吸引到世界上擁有最精明生意頭腦的人。這些天才會去研究、追蹤、繪製圖表、啃食股票市場，就連他們的呼吸也充斥著股票氣息，且好幾個世代以來皆如是。但是，每隔個兩年，就會有一本書橫空出世，表示他們「發現了」某個極少人知道的關鍵、模式或趨勢，能夠「讓你致富。」比爾茲敦女士俱樂部出版過一本《紐約時報》暢銷書，內容是關於她們可愛的拼布社團，成員們開始投資後發現獲得不可置信報酬的方法。事實證明，整件事就是一場騙局。他們從來沒有獲得他們所陳述的報酬，而出版商也被起訴了。還有一本講述「道瓊狗股」的網路書籍，展示了一種鮮為人知的模式，即購買在道瓊工業平均指數上表現最差的股票進而獲得財富的模式。結果，作者在發現這套公式行不

通之後，又寫了另一本關於投資債券的書。

　　那些教導人們持續努力工作、不要入不敷出、擺脫債務，並按照計畫生活的書籍和課程很難銷售出去，但我試著努力做這件事——因為這是唯一有用的方法，與此同時，你愈早理解到沒有人是靠祕密快速致富就愈好。

迷思：投資型人壽保險，像是儲蓄型壽險，可以讓我在退休時荷包滿滿。

真相：投資型人壽保險是市面上很糟的金融產品。

---

66 沒有人是靠祕密快速致富的。 99

　　遺憾的是，現在銷售出去的壽險中，有七〇％都是投資型人壽保險。投資型人壽保險指的是將保險和儲蓄打包在一起的保險產品。不要投資壽險；這種產品的回報率糟糕透頂。你的保險業務員會向你展示美好的「錢」景，但是這些保單中，沒有一張能讓你美夢成真。

　　我們來看一個例子。如果一名三十歲的男子每個月花一百美元在壽險上，而且他買的是前五大提供投資型壽險的公司，他將會發現，他平均可以替家人買十二萬五千美元的保險。銷售話術會告訴他是在買個保障，替自己的退休生活存錢，這正是投資型人壽保險在做的事。但是，如果同樣一

個傢伙買的是二十年期的定期保險，保額同樣是十二萬五千美元，他每個月僅需支付七美元，而不是一百美元。那麼買投資型人壽保險多出來的那九十三美元，都會成為他的儲蓄對吧？嗯，並不盡然；這是有費用的。費用？多少？每個月的九十三美元在最初三年內就會花在費用和佣金上頭。接著，如果你買的是儲蓄型壽險，每年的平均報酬率是二‧六％；萬能型壽險是四‧二％；而較新且經過改良、包含共同基金的壽險的報酬率則是七‧四％。這些數字出自《消費者報告》、美國消費者聯合會、基普林格公司出版的《個人理財》、《財富雜誌》，所以都是可靠的數據。除此之外，《全國保險雜誌》最近前的一篇文章揭示了全國十四家保險公司的報酬率，顯示在過去二十年內，平均報酬率只有六‧二九％。

更糟糕的是，當你花了好幾年的時間、被剝了好幾層皮之後，一旦你辭世，以儲蓄型和萬能型壽險累積下來的積蓄，並不會回到你的家人手上；支付給你家人的唯一收益就是這份保單的面額，以我們這個例子而言就是十二萬五千美元。事情的真相是，你不如購買每個月七塊錢的那份定期保單，把剩下的九十三塊放進餅乾罐裡！至少三年後，你可以拿到三千美金，而你過世後，你的家人可以拿到你的這筆積蓄。

當你繼續往下讀這本書並學會如何進行金錢大翻身，你

也會開始做出更好的投資。等到你五十七歲時，孩子們都已成年也都離家獨立、房貸也付清了，你所擁有的七十萬美元共同基金便足以保障你的生活。意思就是，當你二十年的保單到期時，你根本不需要這筆壽險——因為沒有孩子要養、沒有房貸要付，身上還有七十萬美元的存款。當你死的時候，你的另一半只需要把力氣放在從你離世的傷痛中走出來就行了。

迷思：玩樂透或是其他形式的賭博能讓你致富。
真相：樂透是對窮人以及不會算術的人所課的稅。

" 樂透是對窮人以及不會算術的人所課的稅。"

前幾天，我在一個風行買樂透的州進行演說。我進到加油站裡加滿油要付錢時，看到一群人在排隊。我一度以為要排隊付款，後來才發現那個隊伍是在買樂透彩券。樂透是對窮人以及不會算術的人所課的稅。研究顯示，花費別人四倍的錢購買樂透的那些人，正是住在城市中低收入區的人。樂透或是任何形式的賭博，提供的是一種虛假的希望，而非脫離貧窮的門票。金錢大翻身會帶來希望是因為它實證有效。我在人生中曾兩度破產，但從來沒貧窮過；貧窮是一種心理

狀態。

　　賭博代表的是虛假的希望與否定現實。節約和勤奮才是建立財富的方法，而不是運氣。

迷思：移動式房屋，或稱拖車房，讓我可以擁有房產不用租　　賃，這能幫助我致富。

真相：拖車房貶值速度非常快，讓你建立財富的機會比租屋還　　要更低。

　　拖車房貶值的速度非常快。那些買了一台價值兩萬五千美金、雙倍寬敞拖車房的人，五年後，會為了一棟僅值八千美元的拖車房欠下兩萬兩千美元。財務上來說，就像是我建議你把兩萬五千美金投資在過去五年的紀錄顯示會貶值到只剩下八千美元的共同基金裡，你肯定會認為我瘋了吧。我不是瞧不起拖車房，我住過更糟的地方。我只是很確定移動式房屋是很糟糕的投資標的。請不要在這件事上自欺欺人。如果有種動物叫聲像鴨子，走路也像鴨子，那牠就是隻鴨子。你可以稱它是「預建式房屋」，把它放在永久性的地基上，並在庭院裡加上各式各樣的改善措施，但等到你要出售時，它仍然是一台拖車房。

　　我希望你能擁有一棟房子，因為房產是很好的投資。要擁有房子最快的方法就是透過金錢大翻身，同時租一間在你

能接受範圍內最便宜的房子。買拖車房並不是捷徑，而是在通往擁有真正會增值的房地產路上走了一步回頭路。

「拒絕拖車房」唯一的例外就是榮恩的這項計畫。榮恩從財務平靜大學畢業，並且穩穩地走在金錢大翻身的路上。榮恩和太太懷著虔誠的心，決定要將他們那棟剩下五萬美元貸款、價值十二萬美元的好房子出售。他們買了一座小農場，以及一台非常老舊價值三千美元的拖車房作為暫時住處。身上沒有背任何貸款，加上八萬五千美元的收入，他們在兩年內存到錢，建造並付清了一棟價值二十五萬美元的房子。房子的鑑價結果是二十五萬美元，他們用現金購買土地，因此談到一個更好的價格。而且本身就是承包商的榮恩，懂得用相當低的價格蓋這棟房子，因此沒花多久的時間，他們就付清了相關款項。榮恩最後高超的議價技巧將那間價值三千美元的拖車房用三千兩百美元的價格賣掉。

迷思：預付自己的葬禮費用或是小孩的大學學費是很好的投資方式，也是保護自己免於通貨膨脹的方法。

真相：預付葬禮費用以及大學學費的方案報酬率都很差，而且是把錢放進別人的口袋裡。

當你預付某些東西，你的投資報酬（利息）就是你使用這樣東西之前，其漲價的幅度。換句話說，透過預付的方

式，你避開了漲價，這就是你的投資報酬。預付某項東西就如同投資那樣東西的通貨膨脹率。舉例來說，預付大學學費會讓你省下你預付這筆款項時、與小孩真的就讀大學時，這兩個時間點之間的學費漲額。全美學費的平均漲幅是八％，因此，預付大學學費就像是投資一筆錢，報酬率是八％。看起來還不錯，但是共同基金的長期報酬率是一二％。

同樣的概念也適用於預付葬禮方案。如果你經歷過在悲傷中挑選棺木、安排葬禮等事項，你不會想要你所愛之人經歷同樣的過程。莎拉的母親走得很突然，懷著悲傷情緒處理葬禮的事宜，莎拉認為他們做出了不明智的消費，她發誓，不要讓她的家人也陷入同樣的困境。所以，三十九歲的莎拉用三千五百美元預付了自己的葬禮費用。事先計畫是明智的做法，但是預先支付不是，為什麼？如果她當初把三千五百美元拿去投資平均報酬率一二％的共同基金，在平均壽命七十八的前提下，莎拉的共同基金價值將會增至三十六萬八千五百美元！我認為這筆錢足以讓莎拉入土為安外，還能綽綽有餘。

迷思：我沒時間去擬定預算、退休計畫或者資產方案。

真相：你有的是時間去這麼做。

❝ 我們常在失去健康和財富後，才開始擔心。❞

在我們的文化中，大多數的人都專注於緊急的事情上。我們只有在失去健康和財富後，才開始擔心這些。史蒂芬·柯維博士（Dr. Stephen Covey）的著作《與成功有約：高效能人士的七個習慣》（*The Seven Habits of Highly Effective People*）就是在檢視這個問題。柯維博士表示，高效能人士的習慣之一就是，以終點為起點去思考。徘徊在漫無目標的人生道路上，會讓你感到相當挫折。

柯維表示，要將各項事件用四個象限來分類。其中兩個象限分別是重要／緊急的事項，以及重要／不緊急的事項；另外兩個則是「都不重要的」，所以我們先跳過。我們會顧好重要／緊急的，但是在金錢大翻身的計畫中，什麼事情是重要／不緊急的呢？你不繳電費帳單就會身處一片漆黑中，但如果你沒有制訂每月的開銷計畫，並不會有立即的損害發生。

約翰·麥斯威爾有句關於預算的名言是我所聽過最棒的：「預算是人們告訴自己他們的錢要往哪裡去，而不是想著他們的錢都去哪了。」你得要讓你的錢乖乖聽話，而一份白紙黑字的預算就是金錢馴服師的鞭子和椅子。

傳奇勵志人物厄爾·南丁格爾（Earl Nightingale）曾說，大多數的人花在挑選衣服的時間上，比制訂職業計畫和退休計畫的時間還多。你的人生取決於你如何管理你的退休計畫——因為你退休後的生活品質得仰賴你今天是否就變成金

錢管理專家。

在有人去世之前，遺產規劃從來都不是緊急事項。你一定要從長計議，才能在金錢方面取得勝利，這包括你得一路思考到自己死亡的那天。稍後會再詳細介紹這部分，但要記住，每個人都必須有預算、計畫退休和進行遺產規劃——每個人都要。

迷思：像是艾美麗等債務管理公司，會救我一命。

真相：你或許可以擺脫債務，但是會信用盡失。

債務管理公司如雨後春筍般冒出來。這些公司會「管理」你的債務，方式是每個月向你收取一筆費用，然後把這筆錢分配給你的貸方，這種公司會跟貸方商妥一個較低的還款額和較低的利息，與債務整合貸款不一樣，這不是借貸。有時人們會混淆這兩者，但兩者都不是好選擇。債務管理公司成為現今成長最快速的產業之一，像是艾美麗債務管理以及消費者信貸諮詢服務等公司，可以讓你拿到比較好的利率以及較低的還款額，但得付出代價。當你使用這類公司，試著要拿到傳統房貸、聯邦住宅管理局房貸，或是退伍軍人協會保證房貸時，你將被視為已聲請過《破產法》第十三章裡的破產。傳統房貸的房貸擔保準則會因此認定你毫無信用，所以別這麼做。

讓別人來替你做債務管理的另一個問題在於，你的習慣還是依然如故。你不能讓別人幫你減重；你得要自己改變你的運動以及飲食習慣。處理金錢問題時也是一樣；你要改變自己的行為；把所有的問題轉嫁到他人身上是治標不治本。

　　我們公司在全國各地提供財務諮詢，但我們不會替你處理你的金錢問題。我們會引導你進行你所必須的金錢大翻身。多年來，我們有數千名客戶曾經向債務管理公司尋求幫助。當分派到案子的職員無法讓手上這名客戶的生活與電腦系統裡的資料相疊合時，就會建議該客戶去聲請破產。在我與這些人見過面之後，發現他們並未破產；只是需要一些極端的作為。

　　這個產業中最糟糕的惡霸已經被勒令歇業了：艾美麗債務公司，它是由安德里斯‧普奇（Andris Pukke）所創辦，在開始這項業務之前，他曾經因為債務整合貸款詐欺案被聯邦以詐騙消費者起訴並認罪。儘管如此，艾美麗債務公司一度成長到年營收四千萬美元，且每年花費一千五百美金用以說服你使用他們的服務。他們明目張膽地誤導消費者，以至於聯邦貿易委員會最終介入，並勒令他們歇業。聯邦貿易委員會表示，他們從美國人的口袋裡詐騙了超過一億七千萬美元的祕密資金。作為這類型案件中最大的一起，聯邦貿易委員會判了艾美麗債務公司一億七千萬美元的罰鍰，這家公司現在已經破產；而安德里斯‧普奇被法院命令放棄三千五百萬

美元的個人資產與消費者達成和解。真實世界裡真的有惡霸存在。

迷思：我可以買一套工具包來清理我的信用紀錄，我過去所有的不良信用可以被洗掉。

真相：只有錯誤的資訊才能從信用報告中清除，所以這是詐騙。

《聯邦公平信用報告法》規定了消費者和放貸方如何與信用調查機構互動。不良信用在七年後就會從你的信用報告中消失，除非你有聲請第七章破產的紀錄，這種紀錄會在報告上留存十年。你的信用報告等同於你的財務名聲，除非報告中的項目是不準確的，否則信用報告上的內容不能刪除。如果你有失真的項目要從信用報告中拿掉，你需要寫一封信指出錯誤之處並要求他們立刻改正。真實且不良的信用紀錄會留存在報告裡，除非你作假。為了錢而作假就是詐欺。

戴夫的怒吼……

我不反對花錢享樂。我反對的是你花的錢是你從一開始就並不擁有的。

　　信用修復公司很多都是詐騙。聯邦貿易委員會常常進行突襲調查、勒令這些詐騙公司歇業，有很多打電話到我廣播

節目裡的人都買過一套價值三百美元的工具包，以「清理」他們的信用。有時，這組工具包會要你對所有不良的信用紀錄提出異議，並要求將其刪除，儘管報告裡的這些項目都準確無誤。別這麼做。這組工具包最糟糕的一個概念，就是叫你去申請新的社會安全碼。透過取得一個全新的身分，你就會有一份全新的信用報告，而放貸方絕對不會知道你過去的不良紀錄。這是詐欺，如果你這麼做，會進監獄。如果這是大富翁遊戲，抽到這張卡，你就直接進監獄了。你是為了拿到貸款而撒謊欺騙，這不是清理信用紀錄，而是犯罪行為。

你要用金錢大翻身來清理你的信用紀錄。我會告訴你如何讓生活在你的掌控中，並用現金購物，如此，你就不需要信用額度，時間久了，信用紀錄就會自行清理乾淨了。

迷思：離婚判決規定我的配偶必須負責償還債務，因此我不用。

真相：離婚判決無權將你的名字從信用卡和房貸上拿掉，如果你的配偶不還錢，你就要做好還錢的準備。你還是背有債務。

離婚率之高，真的很令人傷心。離婚代表所有的一切都要拆分，包含債務；但是債務並不容易拆分。如果你的名字出現在債務上，你就有責任要償還，如果你不還，你的信用紀錄就會受到影響。離婚法庭無權將你的名字從債務中移

除。離婚法官只有權力告訴你的配偶要負責償還。如果你的配偶不償還，你可以告訴法官，但是你仍然得承擔債務責任。沒有收到還款的貸方會將不良的信用紀錄回報給貸款中的所有責任方，包括你在內。

如果你前夫分配到他的卡車，而這部卡車當初是由你們雙方一同簽字買下的，而他卻不償還車貸，那麼你的信用紀錄就會受到傷害，卡車會被沒收，而你會被起訴要求支付差額。另外，如果你放棄產權，將房產的所有權轉移到前妻的名下作為離婚協議的一部分，你可能會讓自己深陷一團泥淖當中。放棄產權是一種讓渡房產所有權的簡單方法。但如果她不準時支付房貸，你的信用紀錄就會變得很糟糕；如果她被取消贖回房屋抵押的權利，那麼你也一樣。即便她的房貸繳款紀錄很完美，你會發現你買下一棟房子的難度變高了，因為你的債務過高。

如果你打算要結束一段婚姻，要確保債務沒有你的名字在上面，否則就是強制出售該物件。不要持有這種態度：「我不想逼他賣掉卡車」；如果你要離開這段婚姻，那就要離得徹底。即便當下很痛苦，也要清得乾乾淨淨。我曾為上千個人提供過諮詢，有些人是因為前任以及離婚律師的糟糕建議而破產，所以，把房子賣了吧，不然就要在離婚協議中更改貸款條件。

有一些收款人很好，但是少之又少。收款人很「善解人意」或是想要「跟你做朋友」時，通常都是有原因的：讓你付帳。另一種派別是表現得很惡劣又討人厭，一旦你們建立起「關係」，你可能會發現這位新「朋友」開始使出各種欺凌手段。

你的金錢大翻身會要求你償還債務，我希望你把欠下的錢還清，但是收款人不是你的朋友。信用卡收款人是最糟糕的，因為他們會說謊──這還只是前菜而已。與收款人進行任何交易或和解都必須在你給他們錢之前，白紙黑字寫下來；否則，你會發現你沒有做成任何交易，他們就只是在說謊而已。永遠不要讓你的收款人用電子方式進入你的支票帳戶，也不要寄遠期支票給他們。如果你給他們權力，他們就會霸凌你，而且你將無能為力，因為你欠他們錢。

凱西打電話到我的廣播節目裡，她已經準備好要聲請破產了。她的債務讓她喘不過氣，而她外遇的丈夫跟著外遇對象一走了之。房子是在丈夫的名下，而且除了一萬一千美元外，其他的都是債務。凱西二十歲，而她聰明的叔父是加州的律師，叔父叫她聲請破產。凱西徹底被打敗了，身心俱疲，且被拋棄，但是她並沒有破產。她那位馬上要成為前夫的丈夫把所有債務都納入自己的名下時，他可能會破產，但是凱西不會。

　　我不建議聲請破產，就像我也不建議大家離婚。有沒有一種情況是當人找不到出路時，只能聲請破產呢？有的，但如果有機會的話，我還是會試著說服你不要這麼做。很少有經歷過破產的人會告訴你，這是可以將過去無痛一筆勾銷的好方法，然後你可以踏著輕快的腳步奔向未來重新開始。不要讓任何人騙了你。我破產過，幾十年來也一直都在處理破產議題，你絕對不會想要落入那個境地。

　　破產名列前五大改變人生的負面事件之一，其他還有離婚、重大疾病、失能以及失去心愛之人。我不會說破產跟失去心愛之人一樣慘，但破產的確是改變人生的大事，並且會在心理上和信用報告上都留下很深的傷口。

　　《破產法》第七章，指的是徹底的破產，這會在你的信用報告上留存十年之久。而第十三章比較像是一種還款計畫，會在信用報告中留存七年。然而，破產是一輩子的事。

在申請貸款以及找工作的時候，很常會被問到是否曾經申請過貸款。如果你因為破產是很久以前的事，為了拿到貸款而隱瞞，從技術上而言，你已經犯下了刑事詐欺罪。

大部分的破產都可以用金錢大翻身來避免。你的金錢大翻身可能包括捨棄大量物欲，這會滿痛苦的，但是破產要痛苦的多。如果你可以深思熟慮地以退為進、站穩腳跟，而不是巴望著破產能提供快速解決方案的虛假誘惑，你就可以更快速地贏得勝利。

我們從未好好地管理金錢。我這麼說好像還太客氣了——我們曾經三度聲請破產！

第一次破產的時候，我們覺得破產是我們唯一的選擇。我們為了買下車輛維修廠所申請的小型企業貸款年利率從四％調漲到二二％，我們所有的錢都沒了。很快地，我先生第一次心臟病發作，其他的問題也層層疊加而來。沒過多久，我們車也沒了、房子也沒了。我們帶著四個孩子、兩隻貓、一隻狗、一輛摩托車、一間 U-Haul 拖車屋和八百美元搬到了別的州——而且還失業。

我們既沮喪又自認很失敗，試著重整生活。你一

定覺得我們學到教訓了，對吧？你錯了。

　　我們沒有從錯誤中學習，反倒在將近十年後又重蹈覆徹了。因為跌倒受傷，我丈夫有六個月的時間沒工作。我們的收入從每週四千美元銳減為每週四百美元。我們的卡債不斷累積，最終第二度聲請破產。又一次，我們失去了房子以及大部分的財產。

　　僅管第一次破產宛如世界末日，第二次卻沒有讓我們太過困擾。我們認為這沒有什麼大不了的，因為我們已經走過這條路了。因此，第三次，我們又做出同樣糟糕的選擇。

　　接下來的七年，我們開始了新的生意，做了很多錯誤的決定，又讓一家公司關門大吉。於是，我們第三度聲請破產，這次我們覺得很丟臉也羞於告訴任何人。我們把這個可怕又骯髒的祕密藏起來，不敢告訴我們的家人和朋友。更糟的是，所有的壓力和羞恥感導致丈夫的心臟病又發作了兩次。

　　破產的過程是很糟糕的經歷。在法庭上，沒有人會直視你的眼睛，彷彿每個人都身染瘟疫害怕跟任何人交談。三度聲請破產讓我們感覺自己像是詐欺犯。我們到底怎麼了？為什麼我們總是重蹈覆轍？

　　當我們的兒子因精神疾病從軍隊被調遣回家時，

我們成了他的全職看護。我們手頭變得很緊，因為我們得照顧兒子，而且只有一份收入——我先生第三次心臟病發作後就退休了。我們幾乎就要第四度聲請破產了，這時，我們的女兒拯救了我們，她介紹我們認識了戴夫‧拉姆齊。

現在，我們正在執行金錢大翻身計畫，逐步解決我們財務上的混亂。試圖修正一生中關於金錢的錯誤決定和行為是很困難的！我們光是最開始的那一小步就嘗試了三次，但我們還是還清了兩萬六千美元的債務！最後，我們終於對未來抱有希望，我們也受到激勵，想要幫助其他人，這樣，他們就不會走上我們曾經走過的路。

> 賴瑞（六十七歲）和
> 蘇珊‧希克曼（五十二歲）
> 退休的保險經紀人；
> 館藏經理

迷思：我不喜歡用現金，因為很危險；我可能會被搶劫。

真相：你每天都因為不使用現金而被搶劫。

我教人們要攜帶現金，我知道這個建議看似詭異；但是現金力量大，如果你帶的是現金，你的花費會減少，而且用現金有機會可以議價。琳達寫電子郵件到我的報紙專欄，抱怨她如果帶現金在身上有被搶劫的風險。我向她解釋，搶匪不具 X 光視力，看不到她口袋或錢包裡有什麼。搶劫就是有機率發生──無論受害者有沒有帶現金都一樣。如果發生在你身上，現金會被拿走，但是相信我，比起帶現金被搶劫的危險，你更該擔心使用信用卡的危險。攜帶適量現金不會讓你更容易被搶劫；但是反過來，塑膠貨幣管理不好，會讓你每個月都被搶劫。

我們已經摧毀了信用卡的迷思，也告訴過你使用現金的話，花費會減少。當你擬定白紙黑字的作戰計畫後，你會發現在金錢大翻身中，一定得要管理花費的類別，以此掌控自己的金錢流向。現金會讓你對自己說不。當食物信封裡面的現金告急，我們就會省吃儉用，而不是再去叫披薩。

迷思：我負擔不起保險。

真相：欠缺某些保險的後果，才是你無法承擔的。

某天我餐廳去吃晚餐的時候，在接待處遇到了史蒂夫和珊迪。他們專程來向我道謝，為了什麼事呢？這對二十多歲的年輕夫妻是我的廣播聽眾，我經常告訴聽眾要購買對的保

險，他們也確實照做了。今年，他們買了壽險和醫療儲蓄帳戶醫療險。「還好我們按照你說的去做」史蒂夫邊脫帽邊說著，露出他剃光的頭，上面還有一道很大的傷疤。「究竟發生什麼事了？」我問道。那道傷疤是做組織切片時留下的，也是因為這次的組織切片手術，檢驗出他罹患無法手術治療的腦癌。珊迪微笑說道：「那張醫療險已經給付了超過十萬美元的帳單，如果我們當初沒有遵照你的建議，我們一定會陷進債務裡。」而且史蒂夫現在的狀況買不到保險，所以他很感謝他手上的壽險。在史蒂夫接下來幾年的抗癌過程中，他們成了我的朋友，而我有位朋友聽說了他們的故事，送了他們一趟為期七天的加勒比海郵輪之旅。史蒂夫在二〇〇五年輸掉了與癌症的抗爭，我們在他兒子出生的那天送走了他。如果他的故事啟發了你，引領你也去購買必要的保險，他會很驕傲的。他是個好丈夫和好爸爸，透過購買對的保險，讓家人受到照顧，而這是我們都得要做的。

兩年前，太太和我只是一個普通家庭，犯了大多數「普通」家庭會犯的典型財務錯誤。人們不斷宣揚的所有金錢迷思我們都買單。但是，當這些錯誤開始疊加，就開始對我們造

成不好的影響了。一直到我們偶然聽到戴夫的廣播節目還有讀了《躺著就有錢的自由人生》，我們才停止在財務上的愚蠢行為。

多年前，我們完全沒有做好我們的財務管理。我們結婚了但還沒有小孩，年收入超過八萬美元，卻沒有現金可買洗衣機。我們做了太多「現在買、之後付」的買賣。「九十天免利率，就跟現金一樣」在當時聽起來很不錯，**大錯特錯！**我們最後付的錢比那些物件的價值還多。現在購物時，我們選擇「現在買、現在付」，用一千八百美元買到了價值兩千美元的傢俱。

我們犯下的另一個大錯是我們的壽險計畫。業務員提醒我們必須在三十歲前購買儲蓄型壽險，他們談論著現金價值儲蓄功能的驚人之處。**大錯特錯！**我們對於保險價值有多高、保費有多高，以及要建立起儲蓄得要花多少時間都一無所知。但我們現在知道也瞭解得更清楚了。我們計畫著要儲蓄、投資和保障自己的權益。

二○○六年，我們仍在為學貸繳納最低還款額，這個學貸我們已經背了超過十年。我們當時接受了普遍的說法：「學貸是好的債務，每個人都有學貸。」**大錯特錯！**我們需要一勞永逸地將教育貸款踢到路邊。

現在，我們不是每個月開一張支票給它們，而是預先為孩子們的大學教育基金做儲蓄。

透過戴夫的幫助——我們還清了兩萬七千美元的債務，存了一筆緊急儲備基金、解掉了壽險並買了定期壽險、預立了遺囑，還存到了錢進行為期兩週的海灘假期來慶祝獲得「自由」。在全力以赴以及高度緊繃的節約之後，我們終於過上不同於旁人的生活。

崔維斯（三十三歲）和
梅麗·史其那（三十五歲）
土地測量 AutoCad 繪圖員；
有照護理師

在我們需要用到保險之前，我們都痛恨保險。我們付錢又付錢，都覺得快被保費榨乾了。保險的世界裡的確有許多浮華不實的把戲，但作為金錢大翻身的一部分，有幾個類別的保險是你一定要有。

- 車險以及房屋險（Homeowner Insurance）——選擇自負額高的，好在保費上頭省一些。保險額度要高，那是保險世界裡的最佳選擇。
- 壽險——買二十年定期且保額是你薪水十倍左右的保

單。定期險較便宜，也是你唯一該選擇的項目；千萬不要把壽險當成儲蓄的方式。

- 失能險——如果你現在三十二歲，等你六十歲時，你失能的機率比死亡的機率高出十二倍。購買失能險的最佳途徑是透過工作用便宜的錢買到，你通常可以獲得大約相當於收入五○％到七○％的保額。

- 健康險——今日破產的首要原因就是醫療帳單；接著才是信用卡債。要控制費用的一個方法就是去找高自負額的，以降低保費。

- 長照險——如果你年過六十，最好買長照險來支付居家照護或安養院的費用，安養院的年平均費用是四萬美元，很快就會把退休金給燒光。在安養院的爸爸可以在短短幾年內花光媽媽二十五萬美金的積蓄，要讓你的父母明白這一點。

我是在《歐普拉脫口秀》上第一次聽說戴夫這個人，我對其深深佩服。我知道他對於人們所提出的建議，即承擔起個人的責任以及財務上的責任，正是我跟肯恩所需要的。我們的財務問題已經累積了二十年，而且相當嚴重。

一切都始於肯恩跟我結婚的時候。當時他三十一歲，我二十二歲——對於生活還有眼前的未來興奮不已。但是當一場嚴重的中風襲擊肯恩，導致他四肢癱瘓後，一切都變了。我們不知道該怎麼辦（在許多方面都是）。財務方面，我們開始用信用卡購買所有的東西，因為我們賺的錢不多。幸好肯恩的醫療帳單是有給付的，否則，醫療費用龐大到超出我們所能負擔的程度。

多年來，我們債台高築，我們在其中苦苦掙扎，然而，上帝真的祝福了我們，並持續帶領著我們度過各個難關。

後來，我們找到了戴夫。肯恩和我都讀了《躺著就有錢的自由人生》，並立刻開始實踐裡面的原則。我們開始制訂預算，肯恩對於幫助我處理財務展現了莫大的興趣，並開始在線上支付帳單。當我第一次不用付帳單的時候，我真的坐下來哭了，因為我擔心的事就少了一件。肯恩整個人也亮了起來，知道他是一名有行動能力的伴侶，讓我的生活變得輕鬆一點。我們把制訂預算和規劃未來變成有趣又好玩的事，彷彿回到我們約會的時光！肯恩是我見過最了不起的人，這些年來一直是我穩固的靠山。我何其有幸，能夠與他

一起踏上這段旅程。

雪柔（四十四歲）與
肯恩・羅茲（五十二歲）
玫琳凱獨立銷售主任

迷思：如果我擬好遺囑，我可能真的會死。

真相：你終究會死──所以擬好遺囑再死吧。

　　資產計畫師告訴我們，七〇％的美國人死亡時，都沒有留下遺囑。這個國家以其財務上的過人實力而著稱，它將替你決定怎麼處置你的遺產。箴言說過：「善人給子孫遺留產業，罪人為義人積存資財。」（箴言十三章二十二節）我是個實用主義者，所以我不理解所有因為遺囑而煩惱的事。遺囑是你留給家人和所愛之人的一份禮物。它是一份禮物，因為它會讓你的資產管理變得非常清晰且處理起來很輕鬆。

驚人的數據

七〇％的美國人死亡時，都沒有留下遺囑。

你終將一死，所以死前準備好一份遺囑吧。

我們揭露了**債務上的迷思**以及**金錢上的迷思**。如果你有仔細閱讀也理解了這些迷思為什麼不可靠，那麼我有個好消息要告訴你，你的金錢大翻身已經開始了！金錢大翻身會重塑你對於金錢的看法，也將因此永遠改變你處理金錢的方式。

第五章
另外兩個障礙：無知和軍備競賽

　　否認現實（我沒什麼問題啊）、債務迷思（債務是致富的工具）、金錢迷思（我們的文化告訴我們的故事）是我們在財務和金錢管理上變得健康，並且把力量掌握在手中的三個阻礙。在我們往下談到那套證實有用的計畫之前，先來談談金錢大翻身的另外兩個敵人。

　　如果班和傑利冰淇淋（Ben & Jerry）對你來說是個大問題，在你試圖改變飲食和制訂運動計畫之前，應該先把這件事告訴你的教練。首先，你得先承認你有冰淇淋上的問題，並且認知到冰淇淋作為幫助減重的好產品是個迷思。重點是，一定要認清阻撓你取得勝利的敵人和阻礙是什麼。我們這些曾經被生活擊敗的人都知道，一定要找出問題或障礙在哪裡，並制訂出克服、跨越或是繞過這些障礙的計畫。《星期天日報》四格漫畫裡的偉大哲學家波戈多年前曾說：「我們已經跟敵人打過照面了，那個敵人就是我們自己。」

> **❝ 我們已經跟敵人打過照面了，那個敵人就是我們自己。❞**

障礙 #1 無知：沒有人生來就很懂理財

　　第一個障礙是無知。在一個崇尚知識的文化裡，挑明說人們在金錢方面無知，會讓許多人起很重的防禦心。別這樣，無知並非是不聰明；而是缺乏方法。我見過很多朋友、親戚、教會成員和團隊成員的新生嬰兒；但我沒看過有哪個嬰兒剛呱呱墜地，就已經準備好要致富的。從來沒有親戚朋友會趴在新生嬰兒室的玻璃前驚嘆：「哦，你看！他天生是個理財專家！」

　　沒有人生來就知道怎麼開車，這項技巧是學習而來的；沒有人生來就會讀書寫字，這是我們學來的。這些都不是與生俱來的技能；都必須有人教。同樣地，沒有人天生就會管理金錢，但**沒人教**過我們這個！

　　有一天在茶水間，我的領導團隊中有名成員說道：「我們需要在大學裡全面教授這套金錢大翻身流程。」在她從一所小型基督教大學畢業前，規定要修一門關於如何面試和找工作的課程。她說那門課並非具有學術性，但其實用性讓這門課成為她在大學期間修過最有價值的課程之一。我們去學校學習如何賺錢；我們賺到了錢，但是完全不知道要拿這些錢怎麼辦。根據美國普查局的數據，去年美國的平均家庭年收是五萬零兩百三十三美元。即便從來沒有獲得加薪，美國家庭平均一生的工作收入也會超過兩百萬美元！而我們的高中和大學教育，完全沒有教授如何管理金錢。我們從學校畢

業，出社會，在社會大學犯錯才拿到財務碩士學位。

> ❝ 無知並非是不聰明；而是缺乏方法。❞

我們在財務上搞得一團亂是因為我們不聰明嗎？不是的。如果有一人沒開過車、沒看過車，然後你把他放到一輛新車的駕駛座上，他在駛離你家車道之前就會出事了。讓他倒車、加速，也只是增加出事機率而已。「加把勁再試試看」並不會解決問題，因為下一次撞車不只會毀了車子，還會傷到人。

美國家庭平均一生會賺到兩百萬美元，但是我們高中畢業、大學畢業、甚至研究所畢業，都還不清楚「**財務**」這個詞怎麼寫。我們必須重新開始教授這門課，這也是為什麼現在全國各地的高中都有開設「個人財務基礎」課程的原因；但是，除非你現在還在上高中，否則這套高中課程規劃幫不到你。

戴夫的怒吼……
家庭裡，總是會有人幹蠢事，除非有智慧的家人站出來對抗說話大聲的成員。

如果你把錢管得亂七八糟或是沒辦法把錢做最好的運用，原因通常是從來沒人教過你要怎麼做。無知不等於笨；無知的意思是你沒學過怎麼做。我還滿聰明的，但如果你問我要怎麼修車，我會弄得一團糟，我不知道要怎麼做；我在這個領域相當無知。

無知是很容易克服。首先，臉皮要厚，要承認你不是財金方面的專家，因為沒人教過你要怎麼做。第二步，看完這本書。第三步，踏上一輩子學習金錢知識的征途。你不需要去申請哈佛大學或是拿到財金專業的碩士；你不用放棄一部好電影而改看財金頻道。你的確需要花至少一年的時間去閱讀一些金錢相關的資訊。你應該時不時參加金錢相關的研討會。你應該要透過學習金錢相關的知識，展現出你在乎這件事，你要有所行動。

雪倫和我的婚姻很美好——不完美，但很美好。為什麼？我們會去閱讀婚姻相關的資訊，週末會一起去婚姻靜修會，我們每週約會，有時去參加主日學的婚姻課程，偶爾會與一位婚姻諮商師的基督教友見面。我們做這些事是因為我們的婚姻很薄弱嗎？不是，我們做這些事情是想要讓我們的婚姻變得美好。我們的婚姻很美好是因為我們努力、重視並且積極尋求相關知識。美好的婚姻不是信手拈來，財富也不是唾手可得。你需要花費一些時間和努力來消除無知。你不用變成金融專家；你只需要花比

挑選度假地點更多的時間在你的 退休選項和你的預算上。

我們的人生過得就像是戴夫所說的,「吃了抗焦慮劑的傻子派爾。」[1]我們搞不清楚錢都去哪了。太太和我似乎在收入管理上無法取得共識。如同所有「一般的」夫妻,我們以為你**一定要有**信用卡以建立你的信用,而真正「**聰明的**」做法是所有東西都去貸款。真是個天大的謊言!

後來有一天,太太碰巧聽到了《戴夫・拉姆齊秀》。她聽了一陣子之後,開始跟我分享戴夫談到的那些原則,我們完全聽上癮了。

我們金錢大翻身的第一步就是制訂我們的預算,這真的有助於理清我們的財務;而我們也想要過上無債一身輕的生活,這正是我們取得成功的主要原因。接下來,我們得為緊急預備金努力儲蓄,並利用雪球式還債計畫還清債務。

第三小步,完整的緊急預備金,對我們而言這是最艱難的一步。我們完成雪球式還債之後,得要抗拒

第一部

1.譯者註:原文為 Gomer Pyle,為美國知名情境喜劇。

想把手頭上這些多餘的錢花掉的衝動。謝天謝地，幸好我們建立了緊急預備金，因為後來我就失業了。在零債務加上緊急預備金的輔助下，我才能夠慢慢找到現在這份很棒的工作。

我們的家庭生活完全改觀了，變得更好。我們知道我們在金錢上的目標是什麼，我們的孩子正在學習如何明智地捐贈、儲蓄以及使用金錢。這份計畫幫助我們重獲生活中期盼的財務安全以及心靈上的寧靜。

華特（四十七歲）與
史黛芬妮・佛瑞克（四十五歲）
業務員；
幼稚園教師助理

「你不知道的事情不會傷害到你」這是個愚蠢的說法。你不知道的事情會害死你。你對於金錢不理解的事情會讓你破產。看完這本書，也讀讀其他的書，你時時都可以上網看看我的網誌：daveramsey.com，上面有其他作者的著作，這些推薦閱讀的書目所教導的內容普遍與我一致。

障礙 #2 軍備競賽：可是你的對手不會算術

　　這個章節的第二個障礙就是軍備競賽。同儕壓力、文化期待、「合理的標準生活品質」——我不在乎你怎麼表達，我們都需要被自己的群體和家庭所接納。這種對於認同感以及尊重的需求，驅使我們做出一些不理性的事情。其中一件愚蠢又矛盾的事就是去買一些我們負擔不起的東西，讓自己在別人眼裡看起來體面，進而摧毀了自己的財務狀況。湯瑪斯・史丹利博士（Dr. Tom Stanley）在九〇年代寫過一本很棒的書，你也應該去讀讀，書名是《原來有錢人都這麼做》（*The Millionaire Next Door*）。他這本書旨在研究美國的百萬富翁，要記住，如果你想要苗條又全身肌肉，就應該要去研究苗條又肌肉精實的人有哪些習慣。如果你想要變得富有，就應該要研究有錢人的習慣和價值體系。史丹利發現他們的行動跟價值體系跟一般人所想像的並不一樣。我們想到的是很大的房子、新車以及昂貴的服飾。史丹利發現，大多數的百萬富翁都沒有這些東西，而典型的百萬富翁通常都住在中產階級的那種房子裡，開著車齡約兩年或是更舊一點、已經完全結清的車子，並在沃爾瑪購買藍色牛仔褲。簡而言之，史丹利發現，典型的百萬富翁從財務安全這個目標中獲得的動力永遠比家人跟朋友的觀感來得更大。那種需要他人為自己所擁有的事物感到認可的心態，對他們而言，基本上是不存在的。

笨蛋數學以及愚蠢稅

用大筆債務贏在起跑點？

大學生在校外租房子以及吃飯的花費，會比住在宿舍和在學生餐廳用餐每年平均多出五千美元。之所以會需要學生貸款，並不是為了讀書拿學位，而是為了要在這段期間看起來體面。

如果我們檢視一下史丹利的發現，並用它來反駁肯恩和芭比的人生計畫，就會發現肯恩和芭比的人生既迷失、脫軌又缺乏方向。肯恩和芭比經常流連在我們的財務諮詢辦公室。去年他們來過，當時他們的名字是鮑伯和莎拉。鮑伯和莎拉至少過去七年的年收入都有九萬三千美元，他們以擁有哪些東西來展現他們的收入呢？一棟價值四十萬美元的房子，其中三十九萬美元都是欠款，包括他們用房屋淨值貸款來裝潢。他們有兩部貴得離譜的車，各是三萬美元，還有五萬兩千的卡債，但是他們還是四處旅行並穿著時尚高檔的服飾。十年前，大學時期的兩萬五千美元學貸依然「健在」，因為他們沒錢可以還。往好的一面來看，他們有兩千美元的存款，退休計畫裡還有一萬八千美元。兩人的資產淨值是負的，但是外在相當體面。鮑伯的媽媽很佩服他們，莎拉的哥哥則經常來伸手要錢，因為他們「顯然過得很好。」。在完美的髮型以及法式指甲的背後，藏著深深的絕望、無力感、破碎的婚姻，以及對自己的厭惡感。

在這裡用減重來比喻財務健康的崩潰可能再適合不過了。如果你的身體跟鮑伯以及莎拉的經濟狀況一樣，每個人都會覺得體重兩百多公斤真的是過重了。而鮑伯和莎拉的不同之處在於，他們有一個「小祕密」。這個祕密就是他們根本不像外表看起來那麼光鮮亮麗，沒人知道他們口袋空空，且深陷絕望之中。不只沒人知道，人們還以為他們真的過得很好。因此，當我的顧問提出建議翻轉這種隨時可能會破產的狀況時，他們心中有千百個不願意。事情的真相是鮑伯和莎拉真的破產了，他們需要變賣車子，還得把房子處理掉。

> " 軍備競賽，根本想都不用想。你的比較對象早就破產了！"

內心的抗拒是很真實的。首先，我們當然很喜歡自己舒適的房子和車子，把這些東西賣掉會帶來莫大的痛苦；其次，我們並不想要向那些以為我們很屬害的人承認自己是裝的。沒錯，當你手上沒錢，負債買了一大堆東西，你就是個假的有錢人。同儕壓力的力量非常大。「我們必須束緊腰帶過生活。」要對親朋好友說出這句話是相當痛苦的。「那場旅遊或是飯局我們就不參加了，因為那不在我們的預算內。」對於某些人來說，這句話真的很難說出口。展現真實的自己需要莫大的勇氣。我們喜歡被認同，也享受被尊重；如果我

們說自己不喜歡這些，也是另一種形式的否認現實。希冀獲得他人的崇敬是很正常的。問題在於這樣的希冀會變成一種毒品。有許多人都對此毒品成癮，而這種癮頭會重挫你的財富以及財務上的健康。

> 要在錢財上取得突破，需要在追求認同感的旅途上徹底改變。

要在錢財上取得突破，需要在追求認同感的旅途上徹底改變，其中也包含用我們並不擁有的錢去購買東西。莎拉是從家庭方面開始突破。她的家庭屬於中上階級，彼此會給彼此聖誕禮物。光是她家族這邊需要準備禮物的對象就有二十名外甥、姪女，還有六對夫妻，這筆預算高得離譜。莎拉在感恩節宣布了今年聖誕節不再有禮物抽籤的活動，因為她跟鮑伯負擔不起，這個宣言驚天動地。你們有些人可能在笑，似乎認為這沒什麼大不了。但是這對莎拉的家族來說，可是件大事！互贈禮物是一項傳統，她母親和兩個嫂嫂因此大為光火。那個感恩節她可沒收到太多感謝的言語，但是莎拉穩住了立場並且說：「不會再有禮物了。」

莎拉是社會學碩士，她可不是什麼耳根軟的人。她理解這會打壞家庭關係，也理解她會失去家人的認同以及尊重。事後，莎拉說道，儘管她理智上很清楚這樣的宣言意味著什

麼，也知道在情緒上和財務上這都是正確的做法，但實現起來還是非常困難。她家族中的同儕壓力使得她前一晚徹夜未眠。她告訴我：「我躺在黑暗中，感到很害怕，就像是一個十二歲的小女孩渴望獲得父親的認同那樣。」對於莎拉來說，有勇氣去處理這樣一個看似不大的問題，實則是一項很大的突破。那年感恩節，她在心境上進行了一次金錢大翻身，也不再任由同儕壓力誘導，走進金玉其外、敗絮其中的貧困。

我們的金錢大翻身始於二〇〇八年三月，我們在度假時買了一本《躺著就有錢的自由人生》。我在開車返家的路上，大聲地將書中的前言唸給我先生聽，而他則要求我繼續往下讀。四個小時後，我的聲音沙啞且很疲累，然而，當家裡那部休旅車開進車道時，我們依然在讀著這本書！我們完全被迷住且感覺充滿幹勁，就像是我們的整個世界都亮了起來一樣！

當天晚上，我們拿出帳單並且製作了一份清單，列出我們負債的所有項目。然後，我們制訂了一份預算。這花了好幾個小時，接下來，我們準備好對我們

的債務展開進攻！我們設立了一個目標，並及時還清所有款項，以慶祝不到一年後的一個重大里程碑：我們的十五年結婚週年紀念和達倫的四十歲生日。當時，這看起來就像是不可能的目標！

我們一直都有車貸和信用卡帳單要付——我們從沒有過身上沒有債務的時候。我們會逃避金錢上的討論，因為最後都會以吵架或感覺受傷做終結，我們純粹只是假裝個人財務這件事並不存在。

但是有了這份新計畫，在卡債還完的時候，我們將信用卡一張一張地剪掉；更重要的是，我們對於金錢觀有了一致的理解，這一點是我們之前想都沒想過的。

我們在十個月內還清了五萬八千美元的債務，並將一萬八千美元歸為資金充足的緊急預備金！我們正用這件事教導三個兒子如何存錢，以及如何聰明用錢。他們學到了信用卡的危險，也學會了有想要的東西時如何去比價。

現在，我們不僅對於財務未來充滿信心，而且比我們生活中的任何時候都更興奮。我們在心靈和思緒上所卸下的重擔無法用言語形容，我們真真切切地進行了一場金錢大翻身！

達倫（四十歲）與
克里絲汀・施密（三十九歲）
會計師；家庭主婦

　　每個人都跟莎拉一樣，都有弱點，可能是你買衣服的行徑；或可能是你的車、你的船；或許你的弱點是資助你已成年的孩子。除非你在生活中的某個時刻、某個地方進行心理層面的金錢大翻身，不然，你還是在用錢向別人證明自己；而在制訂一個真正的金錢瘦身計畫之前，一定要先改掉這一點。聖經有言：「敬虔加上知足的心便是大利了。」（提摩太前書第六章六節）我們這些經歷過金錢大翻身的人，沒有忘記自己的阿基里斯腱在哪，也依然認為如果我們再次允許那個弱點擴張，就會成為致命傷口。那個當別人投以崇拜的眼神、讓你在心裡笑開懷的「金錢弱點」在哪裡？若是你沒意識到那個弱點在哪，你就會一直在這方面做出財務上的愚蠢決定。

　　我的弱點在車子。我二十六歲第一次白手起家成為百萬富翁後，看中了一部捷豹。我「需要」一部捷豹。我需要的其實是人們因為我的成功而另眼相看。我需要的其實是家人看到我成功之後認同的眼光。我殷切盼望著別人的尊重。我當時膚淺地認為我開的車可以給予我這些東西。上帝用我所

開的車，讓我在同儕壓力這方面有了一次金錢大翻身。

開著捷豹，但是口袋空空！

我當時愈來愈窮，就快要失去一切了，卻還是用那部捷豹反覆地跟幾家比較友善的銀行貸款，好留住那部車。我甚至讓一位好友替某次的貸款當保人，以便我留住這部浮華的車。我負擔不起車子的維護費用，但我還是很愛那部車，緊緊抓著不放。在我破產的那年，我們窮到一度整整兩天的電力被切斷。我當時常常會好奇：電力公司人員站在我家車道上的捷豹旁剪掉電表時，在想些什麼。這是很病態的做法。那部車的車況也是每況愈下，油槽的主要封蓋也壞掉了，使得引擎後方會漏油，滴在消音器上，造成燃燒。而燃燒的汽油量很大，因此不管我去哪，身後都會有綿延的煙幕。最後，我那位擔當保人的朋友替我還貸款還到累了，溫柔地建議我把這台珍貴的車子賣掉。我對他大為光火，他怎麼能建議我把車賣掉！他不再替我付貸款，而銀行則是沒那麼溫柔地建議我把車賣掉，否則，他們就會把車子收走。我試圖拖延，一直到某個星期四上午，我才清醒過來，把那部捷豹賣了，因為他們很明確地表示星期五就會來把車牽走。我最終得以脫離這團泥淖，把錢還給銀行，甚至償清積欠那位朋友的錢；但是過程很丟臉，我太執著於車子在我生活中所代表的意義，因此造成了其實可以避免的傷害。

關於弱點如何被治癒，我有個有趣的小故事：當我覺醒，意識到我有多愚蠢，決定要戒掉我的毒品——也就是車子——的時候，我真的覺得自己無可救藥。我進到了一種禁慾狀態，意思就是，只要我還沒在金錢大翻身取得勝利，我就不在乎我開什麼樣的車、以及在別人眼裡體不體面。時間快轉到十五年後，我又再度變得富有了，而我也決定要買一部不一樣的車。我現在找的都是車齡一到二年的車，也都會付現金，並且總是想辦法拿到划算的交易。我傾向找賓士或是凌志，但我真正在找的是一個便宜的物件。有位車商朋友打電話給我，告訴我有筆生意——一部捷豹。在這麼多年的傷心日子之後，在車子不再是我認同感的驅動力的時候，上帝又允許捷豹進入了我的生活。祂將當年被啃噬殆盡的東西還給了我，但是，是在這件東西不再是我偶像崇拜的對象時才發生。

迷思 vs. 真相

迷思：貸款買車是一種生活方式；你一生都無法擺脫。

真相：透過開可靠的二手車遠離車貸，是百萬富翁的做法。

　　回顧過往，我們曾經是很普通的家庭：收入很不錯，有很多屬害的玩具，被債務給淹沒。我們總是告訴自己我們值得擁有新車，我們需要一棟房子才能不用再付租金。

　　有一天，一位工作上認識的朋友在談論戴夫・拉姆齊，這勾起了我的興趣，我去買了他的書《躺著就有錢的自由人生》。我們開始讀這本書，並躍躍欲試，因為我們聽到了那些賺得比我們少卻無債一身輕的故事──那是我們想要達到的境界。

　　建立預算是首要之事，但是我們得要克服「需要」物質讓自己開心的心態。我們得以還清債務而不必放棄太多東西；取而代之，我們重新定義了我們已經擁有的東西。

　　這個改變非常棒。太太不再因為花錢買那些其實不需要的衣服而有罪惡感。月底的帳單也可以輕鬆以對，因為我知道我們支票帳戶裡還有錢。這一切都很值得。

　　我們現在會為財務進行討論而不再只是為了錢吵架。我們有能力可以為退休儲蓄，也知道如果我們有任何一方遇到任何事情，另一方的生活也無虞，更無

須承擔債務的重量。

　　太太跟我從二○○四年一月起就過著無債一身輕的生活，現在的生活輕鬆多了。

布萊恩（三十六歲）與

塔美・麥金利（三十三歲）

物理治療機構採購專員；

農業經濟學家

　　或許某天莎拉和鮑伯會有能力支付現金、在聖誕節的時候送莎拉一大家子人去搭郵輪。在他們完成金錢大翻身後，鮑伯和莎拉會有能力付出，同時完全不會減少他們的財富。莎拉需要家人認可的心理發生了一場金錢大翻身。這個改變教會了莎拉和鮑伯，如果他們可以忍人所不能忍，之後就可以過著人所不能及的生活。

通過障礙賽練習，開始攻向山頂

　　我在減脂、塑身以及改善身材的過程中學到了一件事：需要付出體力的事情對現在的我來說，比較容易做到了。像是爬山或障礙賽現在對我來說，是可行的，而對從前那個過重的我而言，想都不敢想。金錢大翻身這趟財務瘦身的旅程也是一樣。現在你是否意識到了，啟動金錢大翻身幾乎就是

一場障礙賽呢？我們戳破了對現實的否認，大費周章地跨越了債務迷思，小心地翻過了金錢迷思那堵牆；我們努力解決了無知，也學習了不要把太多注意力放在途中的競爭上；我們一勞永逸地戒掉了軍備競賽，因為你比較的對象其實兩袖清風。然而，這場障礙賽不過是旅途的一部分而已。

驚人的數據

九○％的航空里程「獎勵」，從未兌現。

我們現在站在山腳下，可以清楚地看見山峰的位置。我們可以較好的體能來登山了，盲點也沒有了。我們準備好要攀登，目標很遙遠，但我們可以清楚看到它。我們將走一條獨特且非常清晰的路徑。這條路徑的好處是它不是未經開發的處女地；而是一條早已被人反覆走過的老路。這是一條很狹窄的路，大多數的人都不會按著這條路線走，但許多贏家都會遵循這條動線。數以萬計的人在通過障礙賽後，就會沿著這條路走下去。

在我們開始之前先回頭看看。如果你還掙扎於這些障礙中的任何一個，登這座山會很困難；如果你還在那些**迷思**、對現實的**否認**或是其他的障礙上糾結，這場登山之旅會讓你感覺彷彿背包裡裝滿了石頭。一二公斤的否認現實或許不會致命，但再加上二三公斤的「我還是覺得信用卡很棒」以及

一兩罐的「屈服於同儕壓力」，你的背包重量絕對會讓你的攀登鎩羽而歸。我們大部分的人第一次攀登時，都戴著一頂由無知織成的帽子，雖然攀登的過程緩慢，卻不會阻礙任何有心之人抵達山頂。

> **反覆做著一樣的事情，同時還期待會有不同的結果，就是瘋了。**

那些使用十二步驟戒酒法的人說得沒錯：「反覆做著一樣的事情，同時還期待會有不同的結果，就是瘋了。」你之前錯誤的信念、作為或者不作為，導致你的金錢狀況陷入今天這步田地。如果你想要擺脫這個處境，一定要有不同的信念。如果我希望我的體態變好，那我的飲食和運動方法一定要有所不同。改變很痛苦，但是成果是值得的。

我曾經攻上這座金錢大翻身的山頂，並且帶領了無數人成功登頂。**你的努力會是值得的！**所以繫好決心的鞋帶，跟會扯你後腿的朋友揮手說再見，我們開始攀登吧！

第二部

金錢大翻身的
7 步驟

第六章

快速存到一千美金：先學走再學跑

　　我的第一本書《財務上的平靜》裡，有一個章節的標題是「嬰兒般的小小步伐」，這章節的前提假設是，如果我們一次只做一點點，就可以在財務上做到所有的事。多年來，我在財務平靜大學中，與人們切切實實地進行過多次一對一的諮詢和小組討論，也在廣播節目中回答問題，經由這些活動，發展出一個個嬰兒般的小小步伐。有數萬人都曾按照這個經過反覆驗證的體系來達成自己的金錢大翻身。「嬰兒般的小小步伐」這個詞是出自比爾・莫瑞（Bill Murray）所主演的《天才也瘋狂》這部喜劇。比爾在裡頭飾演一個瘋狂的傢伙，把自己的精神科醫師也逼瘋了；那位精神科醫師寫了一本書，叫作《嬰兒般的步伐》。「如果你一次走一步，不管要去哪裡，都能走得到。」這句話就是整部電影的框架。我們會用嬰兒般的小小步伐來走完我們的金錢大翻身。這些小小步伐為什麼會成功？我還以為你不打算問呢。

> **如果你一次走一步，不管要去哪裡，都能走得到。**

羅馬不是一天造成的

　　要蓋一棟大樓的方法是，一磚一瓦慢慢蓋。找件事來做，並且一路保持活力去做，一直到完成為止；然後再邁向下一步。如果你想要一次就把所有的事情都完成，很容易會失敗。如果你發現自己需要減掉四十五公斤、打造健康的心血管系統和肌肉，你會怎麼做？如果你在新計畫的第一天停止進食、跑五公里，並徹底操練你的每一個肌群，你會崩潰的。如果你第一天沒崩潰，等四十八小時後，你的肌群會僵硬，心臟會狂跳，接著，很快又會開始暴飲暴食。幾年前，我踏上這條追尋更好的健康和體態征途時，我那位明智的教練並沒有在第一天就讓我累壞；甚至到了第二週，我們都還沒有開始挑戰身體的極限，因為他知道在高強度的訓練之前，我必須先強化肌肉耐力。我們先學走、再學跑；再者，如果我當初試圖同時做完所有事情，我就會因為力不從心而讓排山倒海的沮喪和挫敗壓垮。

　　專注的力量是那些小小步伐能夠起作用的要素。當你試圖一次性地完成所有事，進度可能會非常慢。當你放了三％的錢到退休金裡、另外五十美元在房屋貸款上、再花五塊錢在信用卡帳單上，就會把你的努力給稀釋掉。你同時間多頭進行，長久下來，你沒有把一項起頭的事情真正完成，這會讓你感覺一無所獲，很快就會失去進行金錢管理的動力。專注的力量在於事情真的會有所進展，你可以將待辦事項從清

單上劃掉。生活會以實際可見的成果跟你說聲「幹得好」。

　　安排好優先順序，也是這些小小步伐之所以有效的因素之一。這裡的每一步，都是財務瘦身計畫的一部分，如果你不循序漸進地去執行，就不會有用。想像有個將近一百六十公斤的人，用一次跑十六公里的方式開啟馬拉松訓練；沒有漸進累積跑步耐力的後果，輕一點的話可能是感覺挫敗，最糟的狀況有可能導致心臟病發作。所以要循序漸進踏出這些小小的步伐。

　　過程中，你會有想要抄捷徑的欲望，因為你比較關心金錢的某個面向，但不要這麼做。這些步驟是一套證實有效的計畫，可以讓你達成財務上的瘦身，它對每個人而言都是應該遵循的步驟。舉例來說，如果你已五十五歲還沒有退休金，你可能會很想要跳到第四步驟（將你收入的一五％拿去投資退休金），因為你害怕無法有尊嚴地退休。矛盾的是，如果你在過程中抄了捷徑，反而更可能無法好好退休。當你把為退休儲蓄的錢拿來支應無法避免的緊急狀況，也可能會讓你走向失敗。如果你有孩子準備上大學，你可能會為大學學費而恐慌，但不要打亂這個順序。我會指出在每個階段可能遭遇哪些問題，因為這些問題我大部分都看過。你只要專注在眼前這一步，即便這麼做似乎會對其他部分的金錢造成暫時性的傷害。幾個月不關注退休金問題不會有事的，你只要在對的時候，把退休金擺回原位就行了。

「你」這家公司

　　這一章是在講小小步伐的第一步，但是在我們開始討論快速存到一千美金之前，我們需要檢視獲勝所需要的幾項基本工具，以及你必須在此期間持續進行的幾件事。那個討人厭的「預」字頭的詞要出現了——你一定要制訂一份預算，一份白紙黑字的預算，每個月都要做。這本書在講的是一個過程，一個別人已經成功完成的過程，我向你保證，那些成千上萬的贏家中，沒有一個是在沒有白紙黑字預算的狀況下取得勝利的。

　　當我們終於意識到我們當時的做法沒有用時，便對金錢大翻身躍躍欲試，準備開始進行這份計畫。每個月都是入不敷出，一個月比一個月更甚，而我們所能做的就是為此爭吵。我們累了，也受夠這種病態了！

　　制訂預算是整個過程中最棒也最難的一個部分。我們得要確認自己的錢投入了某些債務的償還，同時還要縮減某些我們**想要的東西**。每週都需要一些努力，當然還有自律，而當初我們要是做好其中一項的話，就不會一團亂了。

在實際變得有錢之前，我們得等待許多事。今年的聖誕節會很不一樣，因為聖誕樹下的每件禮物都已經付清了，我們可以真正享受這些東西而不是感到惶恐。

生活中的許多面向都可以看到顯著的改變。知道我們有能力可以替孩子們的大學學費做儲蓄，而且可以持續資助教區時，我們感到很安心。有趣的是，我們並不會想念這些花出去的錢。

無債一身輕的生活真的很棒。太太跟我的溝通更順暢了，我們更愛彼此、也更愛孩子，因為我們不會老是因為錢而充滿壓力。

東尼（三十六歲）與
塔拉·齊格（三十七歲）
小型企業主；
家管

在關於金錢迷思的第四章中，討論了白紙黑字預算的重要性。假設你替一家名為「你」的公司工作，而你在這家公司是負責金錢管理——如果你按照管理自己錢財的方式管理「你」這家公司的財務，公司會不會開除你呢？你必須要告知錢該往哪去，不然，它們就會離你而去。每月白紙黑字的預算，就是你在金錢方面的目標，任何在各種事項上取得

勝利的人，都制訂了白紙黑字的目標。目標就是你瞄準的對象。吉格‧金克拉（Zig Ziglar）說過：「如果你什麼都不瞄準，那就什麼都打不中。」你不馴服錢的話，它是不會乖乖聽話的。P.T. 巴納姆（P.T. Barnum）曾說：「金錢是很棒的奴隸，也是很糟糕的主子。」沒有藍圖是無法建造房子的，所以你為什麼要把這一生賺取的兩百萬美元收入在沒有藍圖的狀況下揮霍掉呢？耶穌有云：「你們哪一個要蓋一座樓，不先坐下算計花費，看能不能蓋成 ？……」（路加福音十四章二十八節）

似乎從來沒有足夠的錢來支付我們全家的開銷。我每個月都很恐慌，因為我們的錢都只是低空飛過：繳納帳單、孩子們課外活動費用、修車等等。約翰相當挫折，因為他的薪水在他踏進家門前，就已經消失了。收入太少，要付的錢太多；而我們對於要先付哪樣東西的意見大相逕庭。多虧了一位朋友，我最後去讀了《躺著就有錢的自由人生》，並意識到如果我們可以讓每個人都加入這趟旅程，我們離家庭財務平靜的未來就指日可待了。

顯然，約翰讀了戴夫的書之後，得出了跟我相同的結論。在財務方面取得共識讓我們相當興奮，並開

始明智地使用金錢！我們建立了一份預算並處理掉信用卡。我們知道必須彼此合作才能達成目標，所以我們花很多時間跟對方溝通，討論如何花費才能真正提升家裡的生活。許多夫妻放棄合作制訂預算，而其中一方總是對另一方施壓並且指責。從一開始就互相合作是非常重要的！可能看起來很無聊，但我們已經把我們的定期預算／時程會議變成了計畫未來的有趣約會行程！

　　無須為錢焦慮真的很棒，我們可以跟孩子們一起做更多的事情，並真正享受與他們相處的時光。此外，我們正在計畫幫我們的房子加蓋二樓，在開始戴夫的計畫之前，我很難跟約翰去夢想這件事，因為我以為這絕對不可能發生。現在我可以在不久的將來看到二樓的誕生。制訂計畫並按表操課對於整個家庭帶來了巨大的影響。我現在無法想像沒有預算的日子了！財務上的報酬非常美好，但是我跟約翰所獲得的心靈平靜更是美妙。

莎拉妲（三十四歲）與
約翰・馬需（三十七歲）
家管；土木工程師

勵志演說家布萊恩·崔西（Brain Tracy）說過：「要如何獲得了不起的成功？靠著上帝所賜予的了不起天賦嗎？靠著繼承財富嗎？花十年念研究所嗎？人脈嗎？幸運的是，對大多數的人來說，成功只需要一個非常單純且容易取得的東西：清楚、白紙黑字的目標。」根據布萊恩·崔西，哈佛研究所的一份報告指出，經過兩年的時間後，那三％有白紙黑字目標的人，在財務方面取得的成就比起其他九七％的人加總後還要更大！

　　這本書不是金錢管理的課本，在講的是執行的步驟以及如何執行。這章所要闡述的並非擬定預算，但容我先告訴你制訂預算時的幾個準則。

　　每個月都要建立新的預算。在每個月份開始之前，要替你收入的每一塊錢寫上去處，這叫作以零為基礎的預算。每個月的收入減掉支出要等於零。你要檢視該月份的收入以及該月份的帳單、儲蓄和債務。如果你因為佣金、身為自營業者或是獎金的緣故，導致收入不固定，就用非常態收入計畫表單來制訂出一套有優先順序的花費計畫，無論如何，在每個月開始之前，你都需要一份白紙黑字的預算。

❝ 每個月的收入減掉支出要等於零。❞

在我成長過程中對財務的心態是：「如果你想要享受人生，你就得要負債！」於是我照做了。我二十五歲左右時，已經因為我那棟移動住宅積欠了三千美元的債務，九千美元的車貸，還有大約一千美元的卡債，以及新購買房子的五萬美金房貸。對年收入約三萬美元的我來說，這是一大筆債務。

一直到我的表妹和她先生向我介紹了戴夫，我才開始改變處理金錢的方式。他們在當地的教會參加了財務平靜大學，並決定跟我分享那些課程。我有種當頭棒喝的感覺，我知道我必須起身掌控我的財務狀況，並改變我的生活方式。我買了《財務上的平靜》以及《躺著就有錢的自由人生》，並且開始在週間固定收聽戴夫的線上節目。

我實現財務自由路上最重要的一步是制訂預算。當我意識到我花了多少錢在外用餐時，差點昏過去！我花了幾個月的時間整理我的資金和花費，收穫是我現在變得超會做預算！我每份薪水的一〇％都會拿去做捐贈，而目前我把四九％的薪水拿來支付房貸。因

為有謹慎的預算和花費，年底前，我就可以把薪水的五二％分配給房貸！之後，我便能夠付出更多，幫助他人找到我所找到的平靜。

潔姆·摩根（二十七歲）

從事農業交流相關工作

取得彼此的同意

如果你已婚，就要在預算上取得另一半的同意。如果你們沒有一起合作，要取得勝利幾乎是不可能的。一旦你們有一份白紙黑字且具共識的預算，就勾手指、握手約定，你們絕對不會把錢花在那張紙上沒寫的東西上頭。那張紙就是金錢的老闆，而你則是決定那張紙上要寫些什麼的大老闆，但你必須要按照那份預算走，否則，就會淪為紙上談兵。

如果那個月當中發生了某些事，導致你必須改變計畫，那就召開緊急預算會議。唯有在做到兩件事的前提下，才可以改變預算（以及所要運用金錢的項目）。第一：夫妻兩人都同意這項改變。第二：必須讓預算的收支兩平。如果在維修車子上的花費增加了五十美金，就一定要在其他地方刪減五十美金的花費，讓你的收支總和保持為零。這種中途調整的過程無須大費周章，但是這兩條準則一定要遵守。你最終還是收支兩平，所以還是有達成預算目標；你取得了另一半

的同意，所以沒有違反協議。

雅德里安啊！

在我們邁出小小步伐的第一步之前，還需要再做一件事。你需要即時還款給每一位債主。如果你有拖欠還款，首要目標就是要做到即時還款。如果你拖欠已久，那就先照顧好生活必需品，也就是基本的食物、住房、水電、衣服和交通費用。你只有在付清這些生活必需開銷之後，才有辦法追上卡債和學貸。

笨蛋數學以及愚蠢稅

這是一個攸關生活的狀況

你在想著每個月花一百美元在壽險上嗎？你可以買定期保險，每個月付七美元，把另外的九十三美元拿去做投資。但如果你比較想要讓人賺走你的投資報酬的話，就去選擇投資型壽險吧。

要獲勝，就必須高度專注。我不斷強調那些經歷過金錢大翻身的人，他們對於過得又累又厭煩這件事感到疲累！他們說：「我們受夠了！」並且想要改變自己的生活。沒有什麼聰明的做法可以讓你透過理論而致富；你必須要讓自己充滿幹勁。把《洛基》這部片裡的音樂當作背景音樂播放，聽聽洛基的哭喊；「雅德里安啊！」去打敗對手，我的冠軍！

理論是沒有能量的；我講的是行為和動機的改變，而這些真的有用！

嬰兒般的步伐，第一小步：
存到一千美金作為初步的緊急預備金

天有不測風雲。為了應付這些突然之間的風雲變色，你得要有應急資金。你需要一把雨傘。《財經雜誌》表示，在任意一個十年時間，有七八％的人有可能遇上重大事件。你的公司縮編了、組織改組了，或者你被開除了、意外懷孕了、車子掛了、變速箱壞了、摯愛之人過世了、你已成年的孩子又搬回家住了——生活中很多事情在發生，你要做好準備。這都是意料之中的，所以你需要緊急預備金。有時候人們會要我在心態上正面些，而我對於天有不測風雲這點**是正面**肯定的。顯然，一千美元無法應付重大事件，但是可以在緊急預備金完善之前，應付一些小事。

> **❝** 他們對於過得又累又厭煩這件事感到疲累！他們說：「我們受夠了！」**❞**

我們不使用信用卡，而且未來也不會用。「為什麼？」你可能會這麼問（至少我們親友當中很多人都這麼問。）因為我們在上帝那裡找到了安全感和信任，足以滿足我們所需的一切，我們獲得建立緊急預備金的力量，可以應付我們預料之外的突發支出。大多數的人都會找藉口說，你至少應該要有一張信用卡以備不時之需。我們找到了比信用卡更好的策略，事前計畫並建立起足以（用現金）應付可能狀況的緊急儲備基金。

我們學到了控制自己的態度是在財務上取得勝利的首要要素。我們現在會指揮金錢，告訴它們該往哪去，而不是讓它帶領我們、讓我們成為他人（例如學生貸款公司和信用卡公司）的奴隸。對於我們所擁有的東西，我們有了新的尊重以及理解，並開始正視也負擔起上帝賜予我們的金錢責任。我們必須要面對我們的債務以及欲望，並且成為我們財產和收入更稱職的守門人。以前，我們並未意識到每一塊錢都是累加起來的。我們必須對於要讓這些累加的錢進入我們的儲蓄帳戶或信用卡明細做出選擇。

存到那最初的一千美元，對於你接下來的金錢大

翻身是非常重要的。這會教你如何為未知的未來做準備，並且相信當事情真的發生時，你將能夠處理它們。知道銀行裡有一筆錢可以作為突發事件的後盾，讓我們面對債務的攻擊以及處理掉信用卡的過程，變得容易許多。我們一直以來都是很稱職的守門人，也因為我們的習慣和持之以恆的耐力而有了實實在在的安全感。在我們制訂預算時，需要犧牲一部分我們想要的東西，但這是完全值得的。我們會提醒自己，延後購買不代表我們永遠無法擁有那樣東西。在取得財務平靜這方面，要相信時機、耐心，以及準備就是一切。

史黛西（三十五歲）與
安德烈·布來蘇（三十六歲）
資料分析師；
產線技師

這筆緊急預備金不是為了購物或度假；只能用在緊急情況，不要作弊。你認識「莫非」嗎？莫非就是那個身懷所有負面定律的傢伙，像是：「如果事情有出錯的可能，那就一定會出錯。」多年來，我與許多感到莫非彷彿就是他們家族成員的人合作過。他們花太多時間在處理麻煩，以至於認為麻煩就是他們的熟人。有趣的是，等我們進行了金錢大翻

身，莫非就會離開了。金錢大翻身無法保證你的人生就此不會遇到麻煩，但我的觀察是，麻煩也好、莫非也好，它們在擁有緊急預備金的家庭都構不成威脅。儲備緊急預備金可以驅逐莫非定律！老是口袋空空，才會吸引莫非老兄來同居。

大多數人都使用信用卡來應付人生中的「急需」。這些所謂的緊急狀況中，有些是像聖誕節這類的活動。但聖誕節不是緊急狀況，它不會無預警悄悄靠近你。聖誕節永遠都在十二月，不會變；因此，不算是緊急狀況。你的車會需要維修、你孩子的衣服會穿不下，也不是緊急狀況，是你預算裡要包含的項目。如果你不替這些項目擬定預算，它們就會很像是緊急狀況。我們先前討論過一些事件，像是被資遣，那就是真正的緊急狀況，也是動用緊急預備金的理由。一張特價的皮製沙發一點也不緊急。

〝 聖誕節不是緊急狀況。〞

無論是真的緊急狀況還是計畫不周，依賴信用卡的循環都需要被打破。替可預期的事件擬定一份良好的預算；替無法預期的事件準備好緊急預備金，你就可以終結對信用卡的依賴。

你的金錢大翻身中第一個重要的步驟就是開始建立緊急預備金。一個小小的起步是快速存到一千美元的現金！如果

你的家庭年收入低於兩萬美元，那就以五百美元當作你的初始基金。而年收入超過兩萬的人，則應該快速存到一千美元。暫停一切的雜務，先專注在這一點上。

有鑒於我對於債務深刻的厭惡，人們經常會問我為什麼不從債務開始？我剛開始指導他人和當顧問時，曾經這樣做過。但我發現，人們會因為緊急狀況而停止他們的金錢大翻身——並且會很有罪惡感，因為他們不得不停止減少債務的計畫，好讓自己生存下去。這就像是你跑步的時候跌倒、傷了膝蓋，所以你只好停止整個健身計畫；你會找到任何說得過去的藉口。車子的發電機會故障，而那筆三百美元的維修費用會毀了整套計畫，因為你沒有緊急預備金，你得要用信用卡付這筆錢。如果你在發誓要戒掉債務之後又使用了債務，就會失去繼續下去的動力。就如同某個星期你瘦了一公斤，之後卻在星期五那天吃了三公斤的冰淇淋一樣。你事後會覺得反胃，感覺自己很失敗。

所以你要在甩掉債務之前，先建立一筆小小的資金以應付一些小事。就像在健身前，先喝點低卡蛋白飲料好讓身體有能量一樣，這會讓你有辦法鍛鍊進而減重。初始緊急資金會讓你在試圖擺脫既有債務的同時，預防生活中那些小小的莫非定律演變成新的債務。當真的有緊急狀況發生，而你需要用緊急預備金來處理的時候，就不必再借錢了！你必須要打破這個循環。

把你的預算縮減一下、加點班、賣掉些什麼或是來個車庫大拍賣都好，趕快存到你那筆一千元美金。你們大部分的人應該要在一個月內完成這一步。如果感覺你需要更多的時間，那就去採取些更極端的動作。去送送披薩、去找份兼職的工作、再賣掉點其他的東西。你離金錢懸崖已經太近了，隨時都可能會掉下去。要記得，如果你的軍備競賽對象（那些口袋空空的人）覺得你很酷，那你就走錯路了。如果他們覺得你瘋了，那你可能已經走在正軌上了。

把錢藏起來

等你存到那一千美元，把這筆錢藏起來。不要讓自己可以輕易取得這筆錢，因為這樣你就會把這筆錢花掉。如果你踏出這第一個小小步伐所獲得的一千美元是收在內衣抽屜裡，最後就會進到披薩外送員的口袋。不是披薩外送員會去翻你的內衣抽屜；而是如果這筆錢很容易取得，你就會衝動消費。你可以把這筆錢放到銀行儲蓄帳戶裡，但是不能變成支票透支時的保障金。不要為了避免自己支票帳戶透支，讓你的儲蓄帳戶跟支票連動；因為如此一來，你的緊急預備金

就會在一個衝動下被用掉。我學到了教訓，知道要對自己有所提防。我們把錢放在銀行裡並不是為了賺錢，而是為了不易取得。一千美金在四％的利率下，一年也只會賺取四十美金，這不會讓你變得多富有，只是有一個安全的地方來放錢而已。

發揮你的創意。瑪莉雅曾經上過我們的課，她去了當地的沃爾瑪超市，買了一個便宜的八吋乘十吋的相框，然後把十張一百美金的鈔票疊在一起裱放在裡頭，在相框裡的空白處，她寫下了：「萬一有緊急狀況，就打破這片玻璃。」接著，她把這份緊急預備金掛在衣櫃裡的大衣後面。她知道通常小偷不會翻那個地方，而對她來說，要把這筆錢從衣櫃拿出來、再打破相框取出來太麻煩了，所以除非是緊急狀況，她是不會去用它的。不管你用的是單純的儲蓄帳戶、或是衣櫃裡大衣後的一面相框，都要盡快存到你那筆一千美元。

現金狀態

這只是小小的一步，所以盡快完成！不要讓這一小步拖好幾個月！如果你儲備的錢已經超過一千美元呢？如果你在退休金以外的帳戶，已經有那一千美元，就把它拿出來。如果那筆錢是在一個有違約金條款的定存帳戶裡，那就承擔違約金，把錢領出來。如果它是在共同基金裡，把錢弄出來。如果是在儲蓄型債券裡，把錢贖出來；在支票裡，把錢弄出

來。你的緊急預備金，至少一千美元，必須是可以馬上使用的現金。如果你把這筆緊急預備金放在投資裡，那你很可能會去借錢以避免將其（這筆很酷的投資）「兌現」。

超過這一千美金且不在退休計畫裡的錢，在下一步裡會用到。

驚人的數據

有四九％的美國人一旦失去收入，剩餘的錢就只夠支付不到一個月的生活。

如果你已經走到下一章的第二個小小步伐，而你動用了緊急預備金中的三百美元修理你的發電機，那該怎麼辦呢？如果發生這樣的情況，那就停止第二步，退回到第一步，直到你補足這一千美元為止。當你這筆初步的緊急儲備基金又完備了，就可以回到第二步，不然的話，你會漸漸耗盡這個小小的緩衝帶，回到借錢的老習慣以應付真正的緊急狀況。

我知道有些人覺得這一步過分簡單了，瞬間就可以走完這一步；而對於另一些人來說，這是他們有史以來第一次對金錢有足夠的控制權，進而存錢。對於某些讀者來說，這一步很簡單；但對其他讀者來說，這一步將會是整個金錢大翻身的精神和基礎。

莉莉就是這樣一個例子。她是名離婚八年帶著兩個孩子

的單親媽媽；有好長一段時間，掙扎度日已經變成她的生活方式。莉莉為了生存而負債，她負債，並非因為她是愚蠢、被寵壞的孩子。她被超高利率的車貸、支票預付款和一堆信用卡債務剝了好幾層皮。她每個月的可支配薪資只有一千兩百美元，還有兩隻嗷嗷待哺的雛鳥在巢，以及許多貪婪搶錢的債主；存錢對她來說，簡直是天方夜譚，她早就放棄任何存錢的希望了。我認識她的時候，她已經開始進行金錢大翻身了。她在一次現場活動中，聽到我傳授這些小小步伐，幾週後，她順道拜訪我的一場簽書會，主動跟我攀談。

當她順著簽書的隊伍移動時，我抬頭看到了一個大大的微笑。她問能不能給我一個大大的擁抱以示感謝，我怎麼可能拒絕呢？當我看著她時，眼淚流下了她的臉頰，她充滿喜悅地告訴我她有史以來第一次與債務所做的抗爭。她告訴我她多年來的掙扎，接著她笑了。當她說到她已經存了五百美元的現金存款時，隊伍中的所有人（大家都專心在聽她的故事）都歡呼起來。這是她成年後第一次存到五百美金，作為她的緊急預備金。這是她跟莫非定律之間首次有了金錢的存在。她同行的友人艾咪那天也告訴我，莉莉已經脫胎換骨了。艾咪說道：「甚至連她的表情都變了，她現在獲得了平靜。」她並不是單靠五百美金就做到了這個程度，為莉莉帶來自由的是她找到了希望；她有了從未有過的希望。而她之所以有了希望，是因為她在金錢上感受到一股力量以及掌控

感。金錢是她一生的敵人；而現在她將其馴服了，金錢將會成為莉莉的人生新伴侶。

那你呢？是時候要個決定了。我是個自大狂，還是我真的找到一套有效的方法？繼續讀下去，我們會一起做出評斷的。

第七章

雪球式還款計畫：趕快減重，健康亮紅燈了

你的金錢大翻身要仰賴你最有力的工具。我全心全意地相信，建立財富最強力的工具就是你的收入。想法、策略、目標、願景、專注力，甚至創意思維都相當重要，但除非你能掌控並徹底運用收入來打造財富，否則，你無法累積或是留住財富。你們當中可能有些人繼承了一筆錢或是中了大獎，但那只是意外之財，不是實證有效的財務健身計畫。要建立財富，你必須重新掌控自己的收入。

認清敵人

簡而言之，底線是，如果你沒有任何款項需要償付的話，要變得有錢很容易。你可能已經聽到厭倦，但無論哪種戰鬥，想要取勝，關鍵都是要認清敵人是誰。我之所以對於擺脫債務如此充滿熱忱，是因為我看過不少人在擺脫債務之後，在很短的時間內，就大步走上成為百萬富翁的路。如果你沒有高額的車貸、學貸、卡債、醫療費、或甚至連房貸也沒有，那你是可以快速致富的。我知道這對某些人來說可能

像是天方夜譚，但我向你保證，我引領過很多在財務上重達一百六十公斤的人成功瘦身，所以繼續跟著我吧。

> " 無論哪種戰鬥，想要取勝，關鍵都是要認
> 清敵人是誰。 "

數字可以揭露真相。普通年收入五萬美元的美國人，通常每月會繳付八百五十美元的房貸、四百九十五美元的車貸，再加上第二輛車的車貸一百八十美元、一百六十五美元學貸，再加上平均一萬兩千美元的卡債（每個月的還款額大約是一百八十五美元左右）。除此之外，這種典型的家庭還會因為像是傢俱、音響或個人貸款等其他雜項債務，再額外支出一百二十美元。把這些款項全部加起來的話，每個月是一千九百九十五美元。如果這個家庭把這筆錢拿去投資，而不是送到債主手上，他們只需要十五年就可以因為共同基金成為百萬富翁！（十五年後，這真的很激勵人心。再過五年，他們就會擁有兩百萬美元；再三年就有三百萬；再兩年半四百萬；又再二年是五百五十萬，也就是說，二十八年後，他們就會坐擁五百五十萬美金。）要記得，這是用平均薪資計算的，意味著你們當中有很多人可能擁有更多！如果你在想的是，你每個月沒有那麼多款項要支付，所以這個算法不適用，那你就抓錯重點了。如果你年收入五萬美元，要

還的錢又比較少的話，那你就是贏在起跑點上，因為你已經比多數人對於自己的收入有著更高的掌控度。

如果你每個月的可支配收入是三千三百五十美元，而且沒有款項要還，你有辦法拿出一千九百九十五美元去投資嗎？你只需要支付水電瓦斯、食物、衣著、保險以及其他項目的雜支。這樣子手頭會有點緊，但並非不可能。如果你十五年來都這麼做，你將會有達到「巔峰」的體驗——這點我稍後會解釋。

很多在閱讀這本書的人都深信，如果自己可以擺脫債務就能致富。問題在於，你感到自己在債務中愈陷愈深。我有個很棒的消息要告訴你！我有一個簡單明瞭且萬無一失的方法可以讓你擺脫債務，但是非常困難，大多數的人都不會去執行。但你已經理解到如果你有辦法忍人所不能忍，之後就能過上人所不能及的生活。你厭倦了過得煩躁且疲憊，因此你願意為了遠大的目標付出代價。這是你整趟金錢大翻身的小小步伐中，最艱難的一步。很難，但很值得。這一步需要你付出最大的努力、做出最多的犧牲，你的親朋好友可能會嘲笑你（或加入你的行列）。要踏出這一步，你得要剃光頭髮、只喝化學添加的酷愛飲料[1]——開玩笑的，但你的專注度必須高於常人。記得前面我們提到過的亞伯特‧愛因斯坦

---

1. Kool-Aid 為美國一調味飲料之品牌，因曾被摻入有毒物質，用於某教派大屠殺中，因此被用來隱喻對某人或是某件事情盲目的忠誠或是遵從。

那句名言嗎？「偉大的心靈總是受到脆弱心智的激烈反對。」

> ❝ 偉大的心靈總是受到脆弱心智的激烈反對。 ❞

　　如果你真的相信，少了債務，建立財富將不再只是一個夢想，那你就更應該願意去做犧牲。是時候要把**債務**清零了！

嬰兒般的第二小步：
開始進行雪球式還款

　　後面幾頁有一些表格，本書的最後也有預算表格。雪球式還款的過程很好理解，但是會需要大量的努力。記得我的牧師說過：「這不複雜，但很困難。」個人理財是八○％的行為加上二○％的知識。雪球式還款計畫之所以會如此設計，是因為比起正確的數字，我們更在乎行為上的調整。（你很快就會理解我想表達的意思了。）身為一個獲得認證的書呆子，我以前總是從讓數字合理化著手。我現在學到了數字上要行得通，有時候行動力比數字更重要，而現在就是那種「時候」。

♨ 雪球式還款

按順序將你的債務從最小筆或是離還清差額最小的開始,全部羅列出來。不要管利息或是期數,除非有兩筆債務的金額差不多,這種情形的話,就把利息高的那筆擺在前面。先把小筆的債務還清會讓你快速獲得回報,也比較有可能繼續按部就班地執行這份計畫。

你每還清一筆款項就重新做一份清單,這樣,你就可以看出你離自由有多近了。舊的清單你就拿來作為你付清貸款的房子廁所裡的壁紙吧。「最新還款額」的算法是,原本用於償還其他筆債的錢挪來償還這筆債的加總金額,於是你很快就能還清這筆債務。「剩餘還款額」是你開始滾雪球時,該項目尚餘的還款額。「累積剩餘款」是包括雪球在內,所有債務需要還的款;換句話說,就是不斷更新的「剩餘還款」總額。

通往自由的倒數計時!

日期:_____

項目	債款金額	最小還款額	最新還款額	剩餘還款額	累積剩餘款

雪球式還款

項目	債款金額	最小還款額	最新還款額	剩餘還款額	累積剩餘款

要進行雪球式還款計畫，你需要將你的債務由小金額到大金額悉數羅列出來。除了房貸以外，全都要列上去——我們會在其他步驟中處理房貸。把**所有的**債務都列上去——即便是跟父母借的錢或是零利率的醫療費也一樣。先不去管利息；有些債務的利息是二四％、有些則是四％，這些都不要管，把債務由小而大列出來！如果你的數學真有那麼好，當初就不會負債了，所以用我的方法試試看吧。優先償還大筆債務的狀況只有一種，就是某種極度緊急的狀況，像是你欠款的對象是國稅局，而他們對你窮追不捨，或是你不還清款項將導致房屋被法拍。否則，把債務由小而大列出來就對了。

笨蛋數學以及愚蠢稅

生生不息的車貸

大部分的人終其一生都會背負車貸，每個月支付大約四百九十五美元。同樣一筆錢如果在二十五歲的時候拿去投資，一直到六十五歲退休之時，平均而言，可以累積到六百萬美元。你自己去算算看！

　　我們把債務由小筆列到大筆的原因，是為了要快速取得幾場勝利，亦即我先前提到的「改變行為重於數字」。面對現實吧，如果你開始節食，並且在第一個星期體重就開始掉，你就會繼續節食。如果你開始節食，體重卻不減反增，

或是過了六個月都沒有出現顯著的效果，你就會放棄。在訓練業務員的時候，我會試著讓他們快速拿下一到兩筆銷售戰績，因為這會讓點燃他們的動力。一旦你開始進行雪球式還款，並且在幾天內就還清幾筆比較小額的債務，相信我，這會點燃你的鬥志。你需要的是快速取得勝利，以燃起你的動力。取得動力超級重要。

想起來挺可笑的，起初我甚至不知道自己有問題，但當我開始在電台上聽到戴夫的節目並讀到《躺著就有錢的自由人生》，我嚇到了。我意識到只要有個意外或是誰丟失了工作，我們就會失去我們所擁有的一切。我們賺的錢不足以負擔我們六位數的債務，這還不包括我們的房貸。

這一切都開始於我們畢業的時候，身上背著六萬美元的學生貸款，我們做了一般人會做的事，買了一間房子、兩輛新車，外加三萬五千美元的卡債。我們不以為意——我們沒有試圖跟誰比較或是買一大堆東西——我們只是失於注意而已。

預算讓我們學會用先前從未使用的方法來溝通。當我們看到可以在一段相對短的時間內清掉很多債務，而不是原本以為的要花上十年、二十年的，雅曼達的

壓力瞬間減輕了不少。

　　執行雪球式還款計畫的那三十五個月是最艱難的部分，但是我們從未動搖。是的，莫非會前來造訪──生小孩，再加上雅曼達背部動了手術、以及其他的緊急狀況，這還只是幾個例子而已──但是我們做到了！我們確實達成了**債務清零**這個目標！

　　我們賣掉了我們全新的自由人吉普車（雅曼達真的很愛吉普車）、改買了一部一九九一年份、八九成新的車。雅曼達增加工作排班，而作為補償，我則多承擔了一些家務，我們大幅地簡化了我們的生活所需，很多人因此嘲笑我們，這也代表了我們的方向是對的。我們很清楚，我們不可能像在不知不覺中深陷債務那樣，不痛不癢地從債務中爬出來。

　　我們的行為準則徹底改變了。自我們婚後六年以來，身上始終背著債務；但開始執行這個計畫之後，我們就沒有再因為錢而大吵過。我們知道我們很快就可以想做什麼就做什麼了。我們真的改變了我們的家族命運──全因我們在乎到願意去採取行動。

史蒂芬（三十二歲）與

雅曼達・法拉（三十一歲）

eBay 店主；藥師

有一位女士把她那份雪球式還款表格拿到當地的影印店，並將表格放大，然後把那張巨大的雪球式還款計畫貼在冰箱門上，但凡她還清一筆債務，她就會用一道很粗的紅線把那筆債務槓掉，那筆債務再也不存在了。她告訴我每次她經過廚房看到冰箱門的時候，都會大喊：「太棒了！我們正在擺脫債務！」如果這在你聽來有點俗氣，表示你還沒搞懂。這位女士擁有博士學位，她可不笨。她很精明且聰慧，所以她懂得背後涵義。她很清楚她的金錢大翻身重點是改變行為，而行為的改變，會因為一些（雖然小但是）快速的勝利而強化。

當你繳清了那煩人的五十二美元醫療帳單、或是那張八個月前的一百二十二美元手機帳單，以數字計算來說，你的生活尚不會有所改變。但是你啟動了一套流程，這套流程會是有效的，而你會持續去做，因為那些成效讓你動力滿滿。

等你把債務從小額一路往下列到大額，除了最小的那筆債務之外，其他每筆債務都要至少達到最低還款額。你在預算中可以擠出來的每一塊錢，都會投入到最小筆的債務裡，直到付清為止。當最小筆的債務付清之後，原本的還款額再加上任何你額外「找到」的錢，都會被加進新接續的一筆最小額債務裡（相信我，你一旦開始執行，就會找得出錢來。）接著，等你清償了第二筆債務，就把原本用來償還第一筆和第二筆債務的錢，再加上你找到的任何錢，投入到第三筆債

務上。當第三筆債務還清，你就進攻第四筆，以此類推。進攻！每次雪球滾動時，都會捲起更多的雪變雪球變大，等到你到達這張清單的底部時，你就會造成一場大雪崩了。

大多數的人到達清單底部的時候，都會發現他們每個月可以償還超過一千美元的車貸或學貸。到了那時候，離徹底擊垮並清零房貸以外的債務就不遠了。這就是第二個小小步伐：使用雪球式還款計畫，讓自己除了房貸以外的所有債務歸零。

太太跟我當時二十五歲不到，債務就超過了十六萬九千美元。我們對於這種令人厭惡又厭倦的狀況深感煩躁與疲乏！我們的債務一點一滴地增加，艾咪會買一些小東西，像是衣服或房子裡的用品，看起來都不貴，但蠶食鯨吞地將我們逼近死地。另一方面，我則是花錢都很大手筆；比方說，我買了一部 BMW（當然是買給艾咪的），並帶她去紐約度假給她一個驚喜。我們當時還不夠自律，無法在我們購物之前，要內心的小孩安靜一下讓我們好好思考。

我們並不急著要擺脫那一大筆債務，直到某個事

件翻轉了我們的心態。幾年前，我換了工作，需要一段時間的職前訓練，這使得我們的月收入少了四千美元。我們有些存款，但縮水得很快。為了進行我們的金錢大翻身，我們絕對要降低日常開銷，除了小孩的東西以外（或許吧），所有東西都要變賣掉，並且改變我們花錢的習慣。

我們發了瘋似地進行這個計畫，我們賣掉原本用來出租的房產、付清 BMW 的車貸、百貨公司的卡債、醫藥帳單以及學貸。有人邀請我們花錢去玩樂，但我們把持住了。我們決定要進行車庫大拍賣，最後看來倒像是整體資產大拍賣；然後，我犯下了某些人會認為是罪大惡極的罪行：我把太太的 BMW 賣了。我們都清楚，如果我們這個有四個小孩的家庭，在為期六個月期間，可以僅靠每個月一千七百美元撐過去的話，就可以徹底改變我們的命運。而我們做到了！我們除了房貸以外，無債一身輕。

過程中，最重要的一部分是學會延遲享樂。就像戴夫說的：「忍人所不能忍，之後就能過上人所不能及的生活！」

賈許（二十六歲）與

艾咪・霍普金斯（二十五歲）

房貸專員；專職主婦

讓計畫成功的要素

二十年前當我剛開始教授這些，我並不清楚成功的要素是什麼，也不知道這部分有需要釐清。讓雪球式償還計畫發揮作用的主要因素是使用預算，在開始之前要掌握所有最新債務情況，從小筆到大筆把款項還清（不要作弊），全力以赴的專注可能是其中最重要的。意思就是你要對自己說（而且要是真心的），**除了我正在擺脫債務這件事以外，其他事情都擺在一旁！**如果你在戶外拿了一支老式放大鏡，把它放置在皺皺的報紙附近，什麼事也不會發生；如果你讓陽光穿透放大鏡但一直動來動去，什麼事也不會發生；但如果你穩穩地握著，讓陽光聚焦在那張皺皺的報紙上，效果就會出現；高度的專注會讓你聞到燒焦的氣味，並很快就會看到火焰。

> ❝ 除了我正在擺脫債務這件事以外，其他事情都擺在一旁！ ❞

如果你認為雪球式還款計畫挺不錯的，可能願意試上一試，這樣的心態是不會成功的。你需要徹底、極致、高度的專注才有辦法致勝。集中瞄準一個目標，排除其他所有，這是獲勝唯一的方法。你得知道自己要去哪裡，否則你永遠無法抵達目的地。我常常搭飛機，但我從來沒有在搭上飛機

後，才暗自想著：**不曉得這班飛機要飛去哪呢**？我知道我要去哪裡，如果要去紐約，我就不會搭上前往底特律的班機。我下飛機的時候，也不會一看到計程車就跳上去，再告訴司機：「我們不如就先隨便繞一繞，因為我還沒有計畫。」我會明確告訴司機我要去的旅館和街名。接著，我會問多久會到、車資是多少。我要表達的重點是，我們處在人生中的任何一個面向時，都不會漫無目的地遊走。你不能把槍上膛、開火、**才去**瞄準目標；你也不能同時試著做六件事情。你正在努力擺脫債務，僅此而已。你必須全神貫注才能做到這一點。

　　箴言六章一節以及六章五節說道（戴夫稍微改寫過的版本）：「我兒，你若為朋友作保（作保是聖經中對於債務所用的詞）……要救自己，如瞪羚脫離獵戶的手，如鳥脫離捕鳥人的手。」我記得我在日常的聖經研讀中讀到這個段落時，心裡想著用動物來比喻擺脫債務還真可愛。然後，同一星期中的某一天，我瀏覽著電視轉到了《探索頻道》，他們剛好在拍瞪羚，一群瞪羚正悠哉地晃來晃去。鏡頭一轉，有隻獵豹先生正從樹叢裡悄悄靠近，牠正在找尋著午餐的下落。說時遲那時快，一隻瞪羚嗅到了獵豹先生的氣味，並對於牠的計畫了然於心。其他的瞪羚也接受到了危機的現身，很快地，皆蓄勢待發準備逃離。牠們還未見到獵豹本尊，擔心橫衝直撞會正中獵豹下懷，於是都留在原地，等著獵豹出招。

獵豹先生發現自己的行蹤已經暴露了，牠決定放手一搏，於是從樹叢中一躍而出；瞪羚們齊聲叫道：「獵豹！」──嗯，這裡純屬想像，但牠們的確發瘋似地向著十四個不同的方向狂奔。那天的《探索頻道》還提醒觀眾，獵豹是陸地上速度最快的哺乳動物；可以在四次飛躍間，從零瞬間加速到時速七十二公里。該節目也證明了瞪羚是靠智取勝過獵豹，而不是因為跑得比牠快，獵豹很快就會累。事實上，獵豹在十九次的狩獵中，只有一次能成功享受到牠的瞪羚大餐。瞪羚的首要狩獵者是陸地上最快速的哺乳動物，但是瞪羚幾乎能夠屢戰屢勝。同樣地，要擺脫債務的方法就是智取敵人，並且**趕快逃命**。

> **❝ 擺脫債務的方法就是智取敵人，並且趕快逃命。❞**

我們辦公室裡的顧問可以透過哪些人有「瞪羚般的緊繃感」，預測出誰能成功擺脫債務。如果是那種看著冰箱門上一道道紅線並為此歡呼的人，就很有機會成功。但如果是那種在尋找迅速致富方法或某種聰明理論，而非做出犧牲、付出努力與極度專注之人，我們給他的「瞪羚分數」就會很低，其擺脫債務的可能性理所當然也會很低。

　　我是透過戴夫的廣播節目《戴夫‧拉姆齊秀》認識他的。我當下就被深深吸引，並深受啟發去閱讀了《躺著就有錢的自由人生》。他的原則很有道理，而且非常簡單，對每個人而言都很重要。我只是需要清醒過來，並更加關注我花錢的習慣，一切都取決於我要不要做而已。

　　在開始執行他的計畫並制訂預算之後，我立刻明瞭過去的自己有多愚蠢。我人生中有太多的時間都花費在亂花錢這件事上了！現在，有了一份針對現金流的計畫，我感覺自己的掌控度增加了，是我在指揮金錢、告訴錢該往何處去，而不是老想著錢都去哪了。這是一種很自由的體驗。

　　我決定要改變自己的心態並開始更負責任地過生活時，就已經決定要擁抱那七個嬰兒般的小小步伐。我剛開始的意圖是要先存錢、投資自己的退休生活，接著再還清債務；簡直錯得離譜。如果我是按照我的方法做，現在還依然載浮載沉，而且仍會是債主的奴僕。

　　啟動雪球式還款真的讓我興奮不已，看到雪球愈滾愈大、債務變得愈來愈少，真的很令人驚訝。我為

自己每個月愈來愈顯著的進展相當自豪。小小的成就帶來了大大的不同，讓我在過程中持續保有希望。沒錯，我的確沒有、或賺了很多錢來擺脫債務。但我覺得這反而讓整個過程更加不可思議。我知道我必須讓它發揮作用。擺脫債務的能力並非取決於一定要有多少收入，而是行為上的改變、以及有多努力去擺脫那些討人厭的債務！

多年前，我對於債務完全一無所知。我的家人不會討論這類事情。我單純地以為債務是人人都有的。感謝老天，我現在知道並非如此，並且可以開始過我值得擁有的生活了。

德莉莎·丹傑菲（四十二歲）
有照護士

第二部

執行雪球式還款計畫時，有一個明顯一定要做的步驟，就是停止借款。否則，你就只是改變了債務清單上債主的名字罷了。因此你一定要跟借款劃清界線，並喊話：「我絕對不會再借錢了。」一旦你做出這樣的宣言，馬上就會受到考驗。相信我，你的變速箱會壞掉、你的孩子會需要裝牙套，幾乎宛如上帝想要看看你是不是真的有瞪羚般的高度緊繃感。那時候，你就要準備執行塑膠貨幣切除手術了——剪掉

信用卡的手術。經常會有人問我：「戴夫，我應該要現在就把卡片剪掉還是等我還清卡債的時候再剪？」**現在**就剪掉！徹底改變你對債務的看法，這是你唯一的機會。無論發生什麼，你都必須在沒有債務的情況下去征服挑戰。你必須停止借錢。如果你以為自己可以在沒有強烈決心下擺脫債務，那你就錯了。**要爬出一個洞，一直向下挖是出不來的。**

信用卡終止紀錄

卡片名稱	卡號	地址	電話號碼	停用日	紙本停用授權書提出日	紙本停用授權書接收日
萬事達卡	5555 5555 5555 5555	1111信用大道，紐約市，紐約州	555-758-22222	8/14/2001	7/14/2001	8/28/2001

讓雪球愈滾愈大的方法

　　有時候你的還款雪球會滾不動。有些人在制訂計畫的時候，光是最低還款額就幾乎不夠了，也沒有多餘的錢可以還清最小筆的債務，無法讓雪球滾動起來。讓我提供一個更具體的意象，幫助你更進一步理解這個問題和解決方法。我的曾曾祖父曾經在肯塔基州和西維吉尼亞州的山上經營木材廠。在那個已然消逝的年代，樹木被砍伐下來之後，他們會把原木放到河裡，順流而下到下游的鋸木廠。在河流的轉彎處，木材會卡住，造成堵塞。只要壅塞區段的木材卡住水流的運行，木材就會持續堆積。有的時候，伐木工人可以透過推動這些木材疏通壅塞。其他時候，他們得在真正的麻煩發生之前採取一些極端措施。

戴夫的怒吼……

要記住，只因為夫妻中的一人負責保管支票本，並不代表他要負責做出所有財務上的決定。

　　當情況惡化時，伐木工人會把炸藥投擲到阻斷水流的木材當中，以解決木材導致的壅塞。就像你所想像的那樣，這會造成多麼戲劇化的效果。炸藥爆炸時，木材和木頭碎片會在空中四處飛散。花了這麼多力氣砍樹之後，這會徹底損失其中一部分。他們不得不炸毀一些木材，才有辦法將剩下的

木材帶到市場上去賣。這是情勢所逼下必須做出的犧牲。當面對停滯不前的預算時，這就是你應該要採取的動作。你必須炸掉障礙，用極端的方式讓金錢再度開始流動。

要做到這件事，其中一個方法就是賣東西。你可以用車庫拍賣的方式賣出很多小東西、在網路上賣掉某個很少使用的物件，或者透過分類廣告賣出珍貴物品。你要有瞪羚般的緊繃感，出售大量的物品，甚至連你的孩子都要擔心下一個會不會輪到他們被賣程度。如果你的預算被堵住了，債務雪球無法自行滾動的話，那你就得採取極端的措施。

我親眼見過各地的英雄們，秉持著瞪羚般的高度緊繃感擺脫債務，我看過他們出售一些東西。有位女士以每尾一美元的價格賣掉了池塘裡的三百五十尾金魚。男士們賣掉了他們的哈雷機車、船隻、刀具收藏或是棒球卡。女士們賣掉了珍貴的物件，像是非傳家寶貝的古董（家傳的寶物要留著，因為你無法取回它們），或是她們視為生活必需品的車子。我不建議你賣掉房子，除非你每個月可支配收入中有四五%以上都是用在還款。一般來說，房子不會是問題；但我很建議大家賣掉車貸最高的那部車。關於（房子以外的）物品，有個很好的經驗法則：如果你無法在十八到二十個月內無債持有它，就把它賣掉吧。如果你有一部車或是一艘船，但是你無法在十八至二十個月內付清款項，就賣掉它，就如同炸掉堵塞的木材吧！我以前也很愛自己的車，但是我發現在

試圖擺脫債務的同時，背負著大筆債務，就像在腳上綁著鉛塊賽跑一樣。你要徹底進行金錢大翻身，讓自己之後可以想開什麼車就開什麼車，並且用現金買車。遇到帶有債務的物件，你必須要做出不再像其他人那樣生活的決定，但是要記住，之後，你就會過上人所不能及的生活。

> **要爬出一個洞，一直向下挖是出不來的。**

太太和我曾經以為信用卡就是一種生活的方式。用信用卡購買生活用品似乎很「正常」：度假費用、租金、瓦斯、衣服、食物——舉凡你想得到的東西，我們都是用那片小小的塑膠貨幣支付。最後，這些費用開始愈堆愈高。債務穩定地累積，不斷地愈滾愈大。不是我們在滾著雪球前進，而是反過來被雪球追著跑。一直以來，我都讓太太獨自搞定錢的事，完全沒有多想，這對她來說並不公平。然後我們發現，我們積欠了高達三萬塊美金的債，並且需要一場金錢大翻身。

我們當時有四張信用卡，額度各自不同，但總和大約是兩萬五千美元，另外還欠了國家稅務局五千美

元，真的很可怕。不用說，我們第一個要進攻的就是欠國家稅務局的債務，並且在三個月內以雷霆之勢解決掉它。當我們能夠按時繳付所有的款項時，我們就轉而開始攻擊卡債。我們把每一分擠得出來的錢都用在這上面。現在，除了房貸以外，我們沒有其他債務了，並且正在建立三至六個月的緊急預備金。

要學會如何對自己說「不」絕對是非常困難的一件事。作為一對夫妻，我們首次有共識，我們必須制訂一份預算並且嚴格執行，這實行起來沒有聽起來容易，但回報卻是不可估量。一旦我們習慣了這樣的生活方式，一切似乎都變得沒那麼有壓力了。我們找到了滿足感，並且比以往任何時候都快樂。

我知道這筆債務是我跟太太兩人共同的錯，只因為我們都同意由她「負責管帳」並不會讓我就此置身責任之外。我現在意識到讓她獨自承擔全部的財務責任是不對的。如果一對夫妻在財務上一直保有祕密，那麼最好還是把這些祕密說清楚，這是解決金錢問題的唯一方法。一開始可能會有一些憤怒甚至感覺被背叛，然而，唯有透過毫無阻礙的溝通，婚姻才能有所改善。關鍵就在於緊緊抓住彼此，擺脫你們共同創造出來的麻煩。

　　跟我諮商過又不願意往雍塞的木材堆中丟炸藥、讓自己的金錢流動起來的人數，多到讓我很難過。他們知道這些木材沒辦法拿到市場上去賣，他們也因此不會擁有財富；但他們就是無法忍受把其中的一些木材炸掉，好讓剩下的木材可以順流而下，光用想的就讓他們受不了。把這個故事翻譯到財務上就是：「我愛我那部愚蠢車的程度，更勝於成功致富的渴望。」你可別犯這個錯。

　　有另一個可以解決壅塞木材的方法。水流更大，也可以推動塞在轉角的木材——如果有辦法讓河流氾濫的話。這個比喻可能有些誇張了，但收入增加的話，木材堵塞的問題也可以迎刃而解；增加的收入可以推動雪球。如果你的預算太過緊繃，滾不動還款雪球的話，你就需要採取一些行動以增加收入。出售背有債務的物件是節流，而出售其他物品則會增加你的暫時收入。同樣地，提高工作的時數也可以增加收入，讓你加快還款速度。

有六○％的美國人不會每個月付清信用卡帳單。

　　我不喜歡每週工作一百個小時，但有時候面對重症就需要下猛藥。暫時性地，在一段可以忍受的時間內，做些額外的工作或是加點班，可能會是你的一個解決方法。我在某個大城市的簽書會上認識了藍迪，他那時候只要再兩個月就可以擺脫債務了。他二十六歲，並且在二十一個月內付清了七萬八千美元的債務。他把車賣了，並且每週七天、天天工作十小時。他不是什麼律師或是醫師，他是名水管工。有些律師會抗議連水管工都賺得比他們多，而在某些狀況下，他們說的可能還真的沒錯。藍迪自營的個人水管公司發展得很好。那天，他跟太太和年幼的女兒一起來書店前，已經把工作做完了。他的太太帶著尊敬的眼神看著自己的丈夫，臉上掛著笑容，他太太告訴我，他們這一年來很少見到面，但很快地，這一切就會是值得的。你可以想像這段處在七萬美元債務下的年輕婚姻有多大壓力嗎？但是他們就快要自由了。

　　藍迪採用了極端的方法。他用收入來疏通那些堵塞的木材。他答應我，等還清債務，他就會讓自己緩一緩，花些時間跟太太和女兒相處。他們一家人將能一起抵達那個目標，一起做些負債時絕對不可能做的事。

迷思 vs. 真相

迷思：我只要聲請破產然後從頭開始就好了，看起來很簡單。

真相：破產是撕心裂肺且會改變一生的事件，帶來的傷害是一輩子的。

　　某天我去買披薩，有個男人正帶著一堆披薩從櫃檯走向車子，準備去做外送。看到我，他停住了腳步，笑著對我說：「嘿，戴夫，我是因為你才在這裡的。再三個月，我就可以還清所有債務了！」他可不是什麼十七歲的青少年；他是一位父親、一個三十五歲想要獲得自由的男性。我的團隊裡有位年輕的單身男士，他為了要擺脫債務，展現了瞪羚般的緊繃感；每天都工作到下午五點半，然後去 UPS 快遞公司再工作四到五小時，幾乎每天晚上都是如此。

　　他們勤奮工作，且工時長得不可思議，是因為他們有個願景，就是忍人所不能忍，之後過上人所不能及的生活。

當雪球愈滾愈大，如何同時存退休金呢？

　　麥特在我的廣播節目上對我提出了人們在第二步中會遭遇到的困難，亦即我們的另一個議題。麥特想知道他該不該暫停存錢進退休金帳戶，好讓他的還款雪球滾動起來。他真的不想暫停退休金的準備，特別是最基本的那三％，因為如果他有存，公司也會完整提撥同樣的比例。我是名數學狂，

我知道完整提撥真的超棒，但我看過更有力的：高度的緊繃感。如果你能夠全力以赴，好讓自己飛快地擺脫債務，那就先停止退休金的儲備；即便你公司的提撥比例等於你自付的比例也一樣。長期來看，專注的力量以及快速的勝利，對於你的金錢大翻身更為重要。但這僅適用於那些已經暫停一切，準備好要「無所不用其極」讓自己快速擺脫債務的人。

如果你能夠具有瞪羚般的緊繃感，你擺脫債務重獲自由的速度會快到足以讓你在幾個月的時間內，就重返退休金的儲蓄以及公司提撥的行列。想像一下，沒有債務要還的話，你可以放多少錢到退休金裡面！那些高度專注且願意投擲炸藥的人，平均在十八個月內就可以清償房貸以外的所有債務。如果出於某些理由，你身處一個深不見底的洞裡，那你可能會想要繼續存些退休金。菲爾的狀況並不屬於這種深不見底的洞。

菲爾的年收入是十二萬美元，債務則是七萬美元，其中的三萬二來自於一部車。菲爾把車賣了，並縮減生活開銷，在九個月內應該就可以還清債務，不要找理由，只需要下定決心去做。深不見底的洞指的是潭美的案例。潭美有七萬四千美元的學生貸款，還有一萬五千美元的卡債。潭美是名單親媽媽，有三個孩子要養。她的年收入是兩萬四千美元。潭美得要花上幾年的時間，才能開始滾動還款雪球。她會找到方法的，但是她的狀況是非常少見的

特例；她應該要在公司有提撥的狀況下繼續參與退休計畫。

當你需要動用緊急預備金

　　佩妮的冷氣在酷暑中壞了，維修費是六百五十美元，她是從緊急預備金中拿出這筆錢的。「謝天謝地！還有那一千美金。」她邊說邊鬆了口氣。那她現在該做什麼呢？繼續雪球式還款計畫、還是退回第一小步？（也就是存到一千美金）。佩妮需要先暫停還款的雪球。她還是會繼續繳納最低還款額，然後回到第一個步驟，直到她存足一千美元的緊急預備金為止。如果她不這麼做，存款很快就會見底，而當車子的發電機壞掉的時候，她就得重啟一些信用帳戶了。同樣的原則也適用於你；如果你動用了緊急預備金，就退回到第一小步，直到你重新存到你最基本的緊急儲備基金，然後再回到雪球還款計畫上，也就是第二小步。

次級房貸、生意上的債務、租用型房產的房貸

　　基於債務整合貸款以及其他的迷思，許多人身上都背有房屋淨值貸款或某種大型的次級房貸。該拿這些貸款怎麼辦呢？應該放進雪球式還款計畫裡？或者把它當作是房屋貸款然後在這個步驟中先略過？這些貸款最終會償還乾淨，問題是在哪個步驟而已。整體而言，如果你的次級房貸超過你年淨收入的五○％，那你就不應該將其放進雪球式還款計畫

裡，我們之後會再針對這點做解釋。如果你每年可以賺四萬美金，而次級房貸是一萬五千美金，你就可以把它放進雪球式還款計畫裡。但如果你的次級房貸是四萬五千美金，年收入是四萬美金，那麼，你在其他步驟中才會處理到這筆貸款。對了，如果你可以降低整體利率，就應該重新拿你的初級和次級房貸去貸款，然後把這些全部放在一個十五年期的貸款上，或是你初級房貸的剩餘年分上——看哪一個利率比較低就用哪一個（比方說，如果你的初級房貸利率是九％，時間還有十二年，那就把初級跟次級房貸拿去重新貸款成一個利率六％的初級貸款，年限小於十二年）。

很多小型企業主都有債務，也想要知道如何在雪球式還款計畫中處理這類債務。大多數小型企業的債務都是由個人擔保，意思是那其實算是個人債務。如果你有一筆一萬五千美元的小型企業貸款，可能是銀行貸款、也可能是用公司信用卡借貸，這都算是個人債務。以形同其他債務的方式來看待小型企業債務，把它跟其他債務由小而大列在你的雪球式還款計畫裡。如果你的企業債務大於你年淨收入的一半，或者大於你房屋貸款的一半，就要把這種規模的債務留到之後再清償。這個步驟要清償的是小型到中型的債務。

其他唯一還需要延遲處理的大型債務是租用型房產的房貸。不要再繼續購入租用型房產了，但是這筆債務先留到後面再處理。等到你在下一小步中還清了你的房屋抵押貸款

後，就應該把錢滾入雪球，去償還租用型房產的貸款。把租用型房產所產生的債務由小而大列出來，然後把全副精力都放在最小筆的債務上，直到還完為止，接著再一路往下處理。如果你擁有數間、甚至只有一間租用型房產也一樣，你應該要考慮賣掉部分或者是全部，好取得現金清償剩餘的房貸或是還款雪球列表上的其他債務。同時背著四萬美金的卡債、以及一間尚有四萬美金淨值貸款的租用型房產很不合理。就像我希望你不會用信用卡借四萬美金來買一套租用型房產。

除了房貸之外，只有大型的次級房貸、企業貸款，以及租用型房產的房貸不會在這第二小步（雪球式償債計畫）裡被清償。具備瞪羚般的高度緊繃感、全副武裝的專注力、徹底的犧牲、出售物品並增加額外的工作收入，我們就可以清除所有的債務。如果你動力滿滿，通常在十八到二十個月內就可以做到。有些人會更快擺脫債務，有些則需要多一點的時間。如果你的雪球還款時程拉的比較長，也無須感到害怕，你實際需要的時間可能不像你估算出來的那麼久。許多人都找到方法縮短時程，而且上帝通常會給予那些向著祂所期待的方向前進的人祝福，就像是你正在快走或跑步，一條電動步道突然出現在你腳下，讓你可以用更快的速度前進。

雪球式還款計畫可能是你金錢大翻身中最重要的一步，理由有二。第一，你會在這個步驟當中，釋出致富最有力量

的工具——你的收入。第二，你會藉由對債務宣戰，挑戰整個消費文化。藉由清償債務，你會展現出你心態上的金錢大翻身已經在發生，進而為你實際財富的金錢大翻身鋪一條康莊大道。

第八章
完成緊急儲備基金：
把莫非定律踢出家門

　　閉上眼睛想想，當你走到這一小步會是怎樣的一個景況。大多數在金錢大翻身中有著瞪羚般緊繃感的參與者，都可以在約十八到二十個月的時間內，走到第三小步的起點。待你走到這一步，你就已經擁有一千美元的現金，而且除了房貸以外沒有任何債務。你已經用高度的專注力和緊繃感推著愈滾愈大的雪球前進了，也擁有了前進的驅動力。再次把眼睛閉上，深吸一口氣，體會一下除了房貸以外，沒有任何債務並且手上還握有一千美元現金的感覺。我看到的那個是你的笑容嗎？

　　你會開始看見，將收入掌控在手上是打造財富最重要的力量。

嬰兒般的第三小步：
完成緊急儲備基金

　　完善的緊急儲備基金要足夠應付六個月的開支。如果你頓失收入，那三到六個月期間需要多少生活費呢？財務規劃

師以及像我這樣的財務顧問多年來都會用這條經驗法則,這對參與金錢大翻身的人來說相當有用。你的緊急預備金從一千美元開始,但是完備的緊急預備金範圍是介於五千到兩萬五千美元之間。一般月收入三千美金的家庭,其緊急預備金最少可能是一萬美金。如果除了房貸以外都沒有其他的債務,還握有未雨綢繆的一萬美元備用現金,是什麼樣的感覺呢?

> " 天總有不測風雨,你需要有一把雨傘在手。"

　　還記得我們在前面的章節中談過緊急事件嗎?天總有不測風雨,你需要有一把雨傘在手。別忘了《財經雜誌》曾指出,在任意一個十年期間,有七八%的人有可能遇上重大變故。大事發生的時候——像是被資遣或是車子引擎報銷——你不能依賴信用卡。如果你用債務來應付緊急事件,就又走上回頭路了。你的財富之屋必須有堅固的地基,其中就包括了專門用來處理緊急事件的儲蓄帳戶。

　　離婚之後，我發現自己無家可歸，還得懷著身孕獨自撫養十八個月大的兒子。不僅如此，我還被困在這段失敗的婚姻所帶來的債務裡！從兩份收入、一個孩子，變成現在的一份收入、兩個孩子。迫於生活所需，我開始依賴信用卡過日子，債台自然逐漸高築。我搬進公共住宅，在那裡住了兩年，試著一邊養兩個孩子一邊按時繳帳單。

　　認為自己撐不起這個家的感覺很難受。我想要給小孩更多。他們成長的路上沒有生日派對，也沒有其他同齡孩子所擁有的一些小東西。他們從來沒有過一個可以被稱作「家」的地方，這正是促使我想擺脫債務最大的動力。

　　緊急預備金的重要性我親身體驗過。當我的卡車拋錨時，我有生以來第一次在銀行戶頭裡是有錢可以用的。我不必為此負債，收入也不會受到影響，我只需要付錢給技師，並盡快補足緊急預備金就好，然後，我就能回到償還債務的路上了。這很耗時、累人又乏味，但是緊急預備金所能提供的生活安全感讓一切很值得。

一直以來，這並不容易，幾乎每次我快要存到緊急預備金的時候，就會有事發生，讓我不得不去動用那筆錢。但只要動用了那筆錢，我就會重新補足，這已經成為標準作業模式了——它在許多艱難時刻拯救了我的家庭，也讓我免於再次深陷債務泥淖之中。

瑞貝卡·龔札拉（二十八歲）
人力資源助理

　　我得要再次強調，如果你希望你的大翻身能讓你徹底脫胎換骨，這點便至關重要。借錢最糟糕的時機就是在遇到困難的時候。如果經濟衰退，你失業了（意思就是「零收入」），你不會想要背上一堆債務。最近蓋洛普有一份調查指出，五六％的美國人表示，如果天有不測風雲，他們會用信用卡來借錢，這麼做很容易，我也同意這並不難，因為信用卡被核發給死人的事每年層出不窮，但這並不表示這是個聰明的做法。如果你還沒找到新的工作還要一邊還款清償債務，那才是件難事。國家財務安全指數有一份調查指出，四九％的美國人一旦失去收入，剩餘的錢就只夠支付不到一個月的生活。有近半數的人和生活之間，幾乎沒有任何緩衝地帶。這種時候，莫非就會大駕光臨了！記得我們討論過，當你存夠緊急預備金時，發生問題的頻率似乎（我相信

實際上確實如此）也會減少嗎？別忘了，緊急預備金真的可以趕走莫非。

所以，緊急預備金到底是什麼？緊急事件指的是某些你無法預料到的事件，如果你不處理的話，會對你以及你的家人帶來重大的衝擊。緊急事件包括失業或收入減少、因為意外而產生的不可預見醫療問題與醫療費用；或是車子的變速箱或引擎掛掉，而它又不可或缺。這些都屬於緊急狀況。某個你「需要」的東西正在打折不算是緊急狀況；「我想創業」不算是緊急狀況；「我想買車、我想要一套皮製沙發或我想去墨西哥坎昆市」不算是緊急狀況；畢業舞會的禮服和大學學費也不算是緊急狀況。要注意，不要合理化將緊急預備金用在那些你應該另外存錢去購買的物品上。另一方面，當你有完備的緊急預備金，不要借錢去付醫療帳單。你已經千辛萬苦地建立了緊急預備金，就要非常清楚地知道什麼事情是緊急狀況，什麼不是。

> **要注意，不要合理化將緊急預備金用在那些你應該要另外存錢去購買的物品上。**

在使用緊急預備金之前，先退一步、冷靜地審視整個情況。雪倫和我在討論並達成共識前，不會去動用緊急預備金。除此之外，在做出決定後，我們會冷靜一下，並且進行

禱告，否則也不會去動用那筆緊急預備金。達成共識以及冷靜期，都有助於我們判斷這個決定是否只是在合理化我們的行為，還是遇到了真正的緊急狀況。

緊急預備金要隨時可以取得

　　你的緊急預備金必須是現金。現金指的是你可以輕易動用且不會產生違約金的錢。如果你會因為違約金而對於動用這筆錢踟躕不前，那你的緊急預備金就沒放對地方。我用成長型共同基金來做長期投資，但是我從來不會把緊急預備金放在裡面。如果車的引擎掛了，比起把基金賣掉，我會更想要借錢去處理，因為市場行情當下可能不好（我們總是想要等到價格回漲的時機）。這就代表我的緊急預備金放錯地方了。共同基金是很好的長期投資標的，但是市場會浮動，所以當你遇到緊急狀況，有可能剛好遇到股市低迷的時候——這對莫非來說又是另一張邀請函。所以你的緊急預備金一定要保持現金的狀態。

驚人的數據

五六％的美國人皆表示如果天有不測風雲，他們會用信用卡來借錢。

同理，緊急預備金也不要放在定期存款裡，因為一般來說，提早解除定存會需要支付違約金。除非你拿到某種可以「快速放款」的定存，也就是在一段約定期間內提取的話，不用付違約金。這種快速放款的定存，讓你可以在不用支付違約金的前提下動用這筆錢，拿來存放緊急預備金就很好。要搞清楚，你不是想要把緊急預備金拿去投資，只是要把它擺在某個安全且可以輕易取得的地方。

　　如果你的緊急預備金目前沒放在對的地方，遇到緊急狀況的時候，你就會傷腦筋了。克莉絲汀是一位六十九歲的奶奶，她告訴我，她借錢去修汽車的變速器，因為她不想支付解除定存的違約金。這筆貸款是「有智慧的」銀行人員所建議，克莉絲汀也信任這位銀行員。這裡唯一的問題是，即便支付違約金，解除定存對克莉絲汀而言還是比較好的做法。維修費用是三千美金，她的定存利率是五％，而提前解約的違約金則是利息的一半。她那位行員用九％的利率借了她三千美金，好讓她不用因為違約金損失二％的錢。在我聽來，並不是太明智的做法。坦白說，聽起來也不太道德。語言是很有力量的；沒有人想要因為違約而受到「懲罰」。當情緒主宰了一切，克莉絲汀做的是信任那位行員而不是思考，於是做了一個糟糕的決定。

　　我建議你用無須繳違約金又能夠開支票的貨幣市場帳戶¹來存放緊急預備金。為了我們的家庭，我們就備有一大

筆緊急預備金在共同基金公司的貨幣市場帳戶裡。不論你在哪家公司購買共同基金，都可以在他們網站上找到銀行支付利息等同一年期定存的貨幣市場帳戶。目前為止，我還未找到具有同樣競爭力的銀行貨幣市場帳戶。美國聯邦存款保險公司並未對共同基金的貨幣市場帳戶掛保證，但我還是把錢存放在那裡，因為我還沒聽過有哪家出過問題。要記住，你的利息收入並非重點。重點在於那筆錢是在你需要急用時，隨時可以取得的。這個帳戶並不是讓你用來打造財富。比起投資，這個帳戶更像是未雨綢繆的保險。

笨蛋數學以及愚蠢稅

關於中樂透的一些驚人數據

在年收入小於三萬五千美元的人當中，四〇％的人皆表示，自己年屆退休時，要擁有五十萬美元最好的方法就是中樂透。你中樂透的概率是一億兩千萬分之一；而被閃電擊中的機率是中樂透的四百倍。

　　有些時候，即便我已經清楚解釋過，還是會有人會問到存款型債券、債券或者其他「低風險」的投資。他們搞錯重點了。再強調一次，擁有緊急預備金並不是為了要建立財

---

1. Money Market account，美國活期存款帳戶中的一種。

富。把錢投資在這個帳戶裡，你會獲得其他形式的報酬，但是這筆錢的目的並非是要讓你致富。緊急預備金的使命是讓你在風暴來襲時，免於受到傷害，可以在心靈上獲得平靜，並且不讓你遇到的下一個問題變成債務。

這筆錢要多大？

你的緊急預備金要準備多少呢？應該要足夠應付你三到六個月的生活開支，那麼應該是三個月還是六個月呢？想想這筆錢的目的，將有助於你判斷。這筆錢的目的是為了要吸收風險，因此，你的處境風險愈高，你的緊急預備金就要愈多。比方說，如果你是靠佣金過生活，或者是自營業者，那你就應該遵循六個月的法則。如果你單身或者已婚，但是家庭只有一份收入的話，你也應該要遵循六個月的法則，因為對你來說，失業就等於是失去一○○％的家庭收入。如果你的工作狀況很不穩定、或是家人中需要長期醫療照護，那你也應該採用六個月的法則。

我是在一個領政府住房補助的家庭中長大的，有很長一段時間，我都以為我這輩子應該就會這樣繼續過下去了。但是，我

二十四歲的時候，主給予了我一份工作，讓我在知識上受到挑戰和刺激，並且不斷讓我跳出框架去思考。我開始在廣播上聽新聞以及政論節目，然後有一天，我碰巧聽到了戴夫的節目。

聽了戴夫的節目後，我跟太太又花了幾年的時間才真的開始進行金錢大翻身。當我們終於決定要這麼做的時候，最困難的部分在於要瘋狂投入，瘋到足以讓我們一勞永逸地擺脫所有債務。我們持續使用信用卡購物，然後發現自己又回到原點。但是當我被資遣時，我們被迫要面對現實。我們入不敷出，我感到自己很失敗，因為我知道，如果我堅持按照戴夫的計畫和建議做下去，我們就不會落到這種地步。

被資遣之後，在我找到新工作之前，我們有段時間過得很苦。但是，我們最終擺脫了債務，因為我們攜手共進並且各司其職，好確保我們能夠獲得財務上的成功。這需要極大的責任感！剛開始時，我們常常吵架，但仍一起努力走過來，我們之間的溝通也變得輕鬆又順暢。我們極具耐心且勤奮地做預算，而現在我們正在收成！

我們仍在體會無債一身輕所帶來的影響。還清所有債務的一個月後，我又被資遣了，但是這次的處境

跟上次大大不同。財務所帶來的焦慮以及壓力不復存在，取而代之的是一份超越你能理解的平靜，除非你親身體驗，否則是無法感受其絕妙的力量所在。

詹姆士（三十二歲）與
泰碧莎‧愛特伍德（三十一歲）
火車駕駛員；
零售專員

　　如果你的工作「安全又穩定」，已經在公司或政府機關待了十五年，家人們都很健康，你就可以傾向採用三個月法則。從事房仲業的人應該要有六個月的資金；身體健康、已經做了很多年，也打算繼續待下去的郵局員工可能只要準備三個月的資金。你要根據你的情況、以及伴侶如何處理風險所帶來的感受，量身打造你的緊急預備金。很多時候，男女在處理這個議題的方式並不一樣。這筆資金的目的是為了某種防護以及賦予心靈的平靜，所以伴侶之中，希望這筆資金金額要比較大的那方就算獲勝。

　　我們採用的是三到六個月開支的法則，而不是三到六個月的收入，因為這筆資金是為了要應付開銷，而非取代收入。如果你生病或是失業，你需要在問題解決之前，確保家中有水有電、餐桌上有食物，但是在狀況解除之前，你可能

會需要暫停投資活動。當然，你剛開始進行金錢大翻身的時候，你的開支可能就等於你的收入。等到你債務清零、有了對的保險方案，也有大筆的投資，那你生存所需的開支就會比收入低得多。

所有能用的錢都拿來用

在第二個小小步伐中，我建議過你把退休金存款和投資以外的錢拿來還款，把債務全都清掉，讓自己除了房貸外，達到無債一身輕的狀態。把所有動用起來沒有違約金問題（像是退休金計畫就會有違約金）的存款和投資都拿來使用。如果你已經把所有的存款都投入了第二個小小步伐（雪球式還款計畫），甚至連第一個小小步伐（存到一千美元）中的緊急預備金都用光了，就必須重新建立起緊急預備金，方法是把你之前可能用來還債的錢挪到這部分。我多次遇過有人在銀行裡有六千美元的存款，利息是二%，還有一萬一千美元的卡債，要他動用那筆存款中的五千美元來償還部分卡債，對他來說非常困難。那筆六千美元的預備金就是你的安全毯，而當某個像我這樣的人告訴你，應該要用那筆錢來進行雪球式還款，不安就會從你內心深處油然而生。你會有那種恐懼感並沒錯，去質疑自己應不應該要用那筆五千美元的現金來還債也沒錯。只有在你全家都在進行金錢大翻身時，才應該動用這筆錢。瞪羚般的緊繃感、編列預算、賣掉拖油

瓶般的車子，以及全面且徹底地投入計畫，唯有在這些基礎下，你才能合理動用這筆資金的合理方法。

你需要所有人的投入

雪莉打電話到我的廣播節目，告訴我她先生想要動用一萬緊急預備金中的九千美元，他還想留著那部背負兩萬一千美元債務的卡車——而他們的家庭收入是四萬三千美元。雪莉對於我提出如此荒謬的建議感到非常生氣。當然，我並沒有提過這種建議。我認為在這種狀況下動用九千美元是很糟糕的做法。我反對動用這筆存款的理由是因為她老公並沒有全心投入。他想要執行一部分的計畫，同時保留他那部愚蠢的卡車。以雪莉的案例來說，有兩個不該動用這筆錢的理由。首先，她老公並沒有把金錢大翻身放在心上，而且在他全心投入之前，他們不管用任何策略都不可能還清債務。第二，好好算一下：收入是四萬三千美元的狀況下，如果他們要留住那部卡車，就會一直活在債務中，並且會有很多年都只能有一筆超級少的緊急預備金。這就像我太太希望我減重，又希望我每天都在家烘焙手工巧克力餅乾一樣。說一套做一套。

要賺到更多錢，就必須做出讓自己能賺到更多錢的計畫。有些人的問題在於收入，而不在於花費。

如果並非家中的每個人都在進行金錢大翻身，我就不建議你把存款都用掉。如果你計畫花五年的時間在第二步（雪球式還債計畫），那我也不建議你把存款都用完。如果沒有瞪羚般的緊繃感並誠實地執行這份計畫，就可能會在第二步花費相當多的時間。如果你的家庭過著極簡生活，那在十八至二十個月的期間內，你跟生活之間的緩衝只有一千美元是可以接受的。在這個狀況下，你應該要動用你的存款來還清債務，並加速雪球的滾動。

我的建議會嚇到某些人。很好，短時間內，當你在努力滾動還款雪球並建立第三步的緊急預備金時，使用恐懼作為驅動器，可以讓你保持專注並推動所有人前進。

關於雪莉有一個好消息，就是她老公聽到她在廣播上跟我的對話，如遭當頭棒喝。他將「他的」那部卡車賣掉了，她用「她」的存款，在十四個月內把債務清零；在十八個月內，不只達成無債一身輕，還有一筆完整的緊急預備金。雪莉寄了一封電子郵件給我，告訴我這趟旅程中一個有趣的部分。她說，他們把債務還清並把之前的緊急預備金重建起來之後，他們正值青春期的孩子要求要買一部電腦。在雪莉拒

絕之前，她老公開玩笑地扣住孩子的頭高喊：在存完緊急預備金之前，家裡不會再買其他東西了。這讓雪莉笑了，這件事情讓她知道，緊急預備金很快就會存回來了，不僅如此，她的先生也理解了這筆基金對她來說有多重要。她很願意進行金錢大翻身，但得是全面性的投入——對兩個人而言都是。

性別差異以及緊急事件

　　不同性別的人看待緊急預備金的方式的確有所不同。一般來說，男性比較事件導向，女性比較安全導向。男性喜歡知道你「做了」些什麼，因此，有些人無法理解把錢擺在那兒所能帶來的安全感。我遇到的大多數女性在我們開始談到一萬美元的未雨綢繆資金時，都會面帶微笑。她們當中很多人都指稱，緊急預備金和壽險是他們金錢大翻身中最棒的一部分。

　　男士們，上帝在這方面把女性設計的比男性好。她們的天性傾向擁有緊急預備金。女性的內心深處有一個「安全感腺體」，當財務上的壓力顯現時，這個腺體就會開始抽搐。抽搐的腺體會以你無法預測的方式影響你太太，她的情緒、她的專注力，甚至是親密生活。這個安全感腺體會顯現在她的臉上，你看得到她表情上的財務壓力嗎？相信我，男士們，你最好的投資之一就是緊急預備金。完整的緊急預備金以及一位正在進行金錢大翻身的老公，會讓那個安全感腺體

舒緩下來，讓你的日子好過很多。我有個朋友名叫傑夫·艾倫（Jeff Allen），是名喜劇演員。他有一齣劇名為「老婆快樂，生活就快樂」的戲碼，總而言之，即便你搞不懂緊急預備金好在哪，也要弄到這筆錢。

我跟雪倫失去過一切、破產過、被徹底擊敗並跌至谷底，所以你可以想像這個話題在我家是有些敏感的。我們在財務上的失敗全是我的過錯：我的房地產事業搞砸了，雪倫當時只是在旁邊看著，還沒真的跟我一起走上那條路。我們關係裡的一道傷口就是這個安全感問題。她的情緒會回到那種看著一名新生兒加上一個在學步的嬰兒、然後不知道要怎麼支付暖氣的恐懼。那是她精神面比較敏感的地方，而這是有充分理由的。我們甚至從來沒有用緊急預備金來處理緊急狀況。治療這道傷口的藥方中有個成分，就是我們還有另一份為了緊急預備金準備的緊急預備金。甚至我只要走近收放緊急預備金帳戶支票簿的那個抽屜，雪倫的安全感腺體就會抽搐起來。

身為一個受過訓練的投資大亨，我絕對可以找到其他賺得更多的地方放錢。但真的有「賺到」嗎？要記住，個人理財是很個人的事。我意識到那筆超額的緊急預備金為雪倫所帶來的心理平靜，是極高的投資報酬率。男士們，它可以是送給老婆的一份很棒的禮物。

緊急預備金可以把危機變成只是有點不方便

隨著你多年來始終保持制訂預算、加上金錢大翻身徹底改變了你對待金錢的習慣，你就會愈來愈少使用到緊急預備金。我們已經超過十五年沒碰過緊急預備金了。剛開始的時候，我們每件事都是緊急事件；但是當你漸漸從谷底爬上來，金錢大翻身的效果開始顯現，你的每月預算裡要支付的項目就會變少。可是一開始，你會跟我們當初一樣——所有事情都是緊急事件。為了讓你瞭解我想表達的，請試想兩個分別發生在處於兩個不同階段的人身上的故事。

金恩二十三歲，單身，獨居，有一份工作，年收入是兩萬七千美元，最近剛開始進行她的金錢大翻身。她沒有按時繳付信用卡帳單，沒有依據預算花費，加上她失控的花錢習慣，幾乎快要付不出租金了。她的汽車險失效，因為她「負擔不起」保費。她第一次制訂預算後的兩天，就撞車了，不算太嚴重，對方車子的損失五百五十美元。當金恩帶著恐慌的淚水看著我時，五百五十美元也形同五萬五千美元。她甚至還沒開始踏出第一小步。她還在試著按時付帳單，而現在她又有另一個關卡要跨過。這是一個重大的緊急事件。

七年前，喬治和莎莉也落入相同的處境。他們口袋空空，帶著剛出生的孩子，而喬治的事業也正歷經波折。喬治和莎莉奮戰著，勉強撐過了金錢大翻身。現在，他們已經無債一身輕，甚至連他們那棟八萬五千美元的房子也付完款

了。他們有一筆一萬兩千美元的緊急預備金，在退休帳戶裡也有退休金，甚至連孩子們的大學教育基金也準備好了。喬治在個人層面有所成長，事業也蒸蒸日上，現在每年可賺七萬五千美元，而莎莉則在家照顧孩子。某天，在州際公路上，有件垃圾從他的卡車飛出打到後車，造成的損害金額大約是五百五十美金。

我想，你看得出來喬治和莎莉或許會調整一個月的預算來支付這筆維修費，而金恩則得要花很多個月來處理她的那場車禍。重點是，當你的財務狀況有所改善，你的世界就沒有那麼容易受到影響。意外發生的時候，喬治甚至心平氣和，而金恩則需要抗焦慮的藥物才能冷靜下來。

這兩個真實故事都說明了一項事實，就是隨著金錢大翻身逐步進展，哪些緊急事件需要動用到預備金的定義會改變。隨著你有更好的醫療險、失能險、預算裡的彈性空間變大、開的車更好，符合動用緊急預備金標準的事件就會變少。

曾經足以改變人生的重大事件會變成只是一時的不方便。待你還清債務，並且為了致富而積極投資，這種時候，你只要暫停投資幾個月就足以支付幫車子換新引擎的費用。當我說緊急預備金可以趕走莫非定律，這句話並不完全精確。事實是，莫非的確不會這麼常來訪，就算他來，我們也幾乎不會注意到。雪倫跟我還一貧如洗的時候，我們的空調系統故障了，維修費需要五百八十美元。這在當時是既重大

又麻煩的事件。而最近，我花了五百七十美元安裝了一部新的水暖氣機，因為舊的那部開始漏水了，而我幾乎沒意識到這筆花費。

讓我把事情徹底說清楚

在第三小步還有一些事情要釐清。喬伊最近問到，他是不是應該要暫停滾雪球——就是第二步——好完成他的緊急預備金。喬伊和太太有一對六個月後即將出生的雙胞胎。布萊德的工廠四個月後要關門了，他就要失業了。麥可上星期被公司裁員的時候，收到了一張面額高達兩萬五千美元的資遣費支票。這些人應該要先努力還債、還是先完成緊急預備金呢？他們三個都應該暫時先中止雪球式還款，並專注在緊急預備金的準備上，因為我們可以看到，遠方有如假包換的雨雲正在堆積。等風雨過後，他們再一如往常地回到計畫的執行上。

對於喬伊來說，回去執行計畫代表著等寶寶們健康地出生。喬伊會重新把緊急預備金減少到一千美元，把剩餘的存款都拿去滾動還款雪球。對於布萊德而言，意味著等他找到新工作後，也會繼續這麼做。麥可則應該要先留著他這筆兩萬五千美元的現成緊急預備金，直到他再次找到工作為止。他愈快找到工作，就會有愈多沒用完的資遣費作為額外的收入，並對於還債雪球帶來重大的影響力。

有時候有人認為他們不需要緊急預備金，因為他們的收入很有保障。理查是一位退伍軍人，每年會收到兩千美元的退休金，假使他失業了，也可以靠這筆錢過活。他以前並不認為自己需要緊急預備金，因為他直覺所有的緊急事件都與工作相關。後來，在同一個月內，他被資遣且出了車禍，他還是持續收到那兩千美元，但是他現在得面對車子損壞帶來的債務。即便你的收入有保障，還是有可能會需要在冬天換掉暖氣系統、或是買新的變速箱。生活中真的會有大型、預算外、跟工作無關的緊急事件發生，也將會需要緊急預備金來支應。

如果你沒有房子的話

我一直在強調到了這個階段，你除了房貸以外是零債務，並完成了緊急預備金。但如果你還沒買房子呢？你要什麼時候開始存頭期款？我會盡力說服更多的人去進行一〇〇％付現計畫，但是我知道你們會想用十五年固定利率的房貸，我先前也說過這是可行的。

我相當熱衷房地產，但是不要等到你完成這一步才買房。擁有一棟房子是一種祝福，但如果你是用負債的方式成為房屋主人、並且沒有緊急預備金，莫非就會搬進你的客房。我相信擁有房產在財務以及情緒上的益處，可是我也認識很多在準備好之前急著買房，導致壓力爆表的年輕夫妻。

存到買房的頭期款、或準備全額現金購買的時間點，應該要在第二步清零債務和第三步的緊急預備金完整之後。因此，存頭期款就會是第三小步裡的另一小步。如果你等不及想往下一步走，就應該要先替買房存錢。許多人都很擔心買房的問題，但是請讓買房成為一種祝福而不是詛咒。如果你在身無分文的狀態下購買，就是一個詛咒。

下一站：認真打造財富

恭喜你，進展到這一步。你現在除了房貸以外的債務清零，並且已經存到了足夠三到六個月開銷的錢。如果你有著瞪羚般的緊繃感，一般家庭要走到這階段，通常會花二十四到三十個月。你開始進行金錢大翻身後的兩年到兩年半，你就可以翹著二郎腿坐在沙發上，沒有房貸以外的債務需要還，貨幣市場帳戶裡頭有一萬塊美元。再一次把眼睛閉上，感受一下你在那個狀態下的精氣神。哇，我知道我看到你的笑容了。

我是一名單親媽媽，有兩個小孩，有自己的公司，除了房貸以外的債務都還清了！然而，並不是一開始就這樣。

我二十歲的時候懷了第一個孩子，並感覺自己的人生到此為止了。完成了兩年制的大學教育，不知道該如何一邊繼續取得學士學位一邊養育小孩，所以我離開了學校。第二年，我經歷了一場很糟糕的離婚，也不知道自己要做什麼。

　　我每個月的生活開支是四百美元，並用信用卡購買所有的東西。我回到學校、發了瘋似地努力，一年半後畢業了。雖然我有廣告學位，卻找不到讓我有熱忱的工作，因此，二十三歲的時候，我決定要創立自己的清潔公司。

　　一傳十、十傳百，我的業務茁壯了。在最低潮的時候，我的債務高達十萬美元。但是，過去的六年間，我穩穩地走出債務！我日以繼夜地工作，好付清我積欠的所有債務，它確實值得。

　　現在，我沒有車貸，有兩百萬美元的定期壽險以及失能險。我無債一身輕並且很快樂，孩子們上的都是私立學校，我也預先做好退休計畫了。每個月，我都會拿三千美元出來作為小孩的教育基金、緊急預備金以及投資。我的房子目前出售中，因為我想要改租房子，並為下一棟房子存到大筆的頭期款。我的目標是在三十五歲前，將所有債務──包括房貸──全還清！

　　我對於遵循這些原則和步驟的要求苛刻並且充滿熱情，因為我看到了很多人（像是本書中的那些人）都在金錢大翻身中取得勝利。所有的藉口、抱怨、以及合理化的說詞，我都聽過了，但請相信我，原則的好處就在於它們會讓生活變得比較容易。我聽過一種說法，當一個人按照原則過生活，他九九％的決定都已經做好了。

> 原則的好處就在於它們會讓生活變得比較
> 容易。

　　當我們完成了這三個基本的步驟，奠定好基礎，是時候建立一些財富了。要記住，這是我們之所以開始金錢大翻身的原因。我們想要的不只是擺脫債務，而是要有足夠的財富能夠捐獻、有尊嚴地退休、有遺產可以留下，並且可以享受一些昂貴的娛樂。接下來的內容會很有趣。

第九章

極大化為退休而做的投資：為了生活，在財務上要健康

　　我有一個朋友，四十多歲，他有自己的健身教練。他的身材很精壯，肌肉練得很棒，但他並非什麼瘋狂的健身迷。他會注意自己的飲食，一週會健身兩次。我有另一位三十幾歲的朋友，對飲食極度斤斤計較，每天都會跑步，每週會練三次舉重，但體重還是超重十八公斤。第二個傢伙是在兩年前開始走上健身旅程，正在進行減重和塑身。第一位肌肉男則是維持著他多年前就打造好的身材，但現在也沒有那麼勤於健身了。

　　金錢大翻身也是同樣的道理。需要瞪羚般的緊繃感才能走到累積財富這一步，卻僅需要簡單的維護工作就可以保持你的財富健康。要記住，我那位身材精壯的友人一餐不會吃超過三盤食物的分量。他依然很清楚自己有失去健美身材的可能性，但他只需要少少的努力就可以維持體態以及良好的感受，前提是他依然遵循當初讓他擁有好身材的原則。

> ❝ 簡單的維護工作就可以保持你的財富健康。❞

現在，你處於一個相當關鍵的時間點，之前拿來放進緊急預備金以及還清債務的金流，該拿來做什麼呢？這可不是揮霍的時候！你有一份計畫，而你正在取得勝利的路上，保持下去！如果你是在一場為數四場的比賽中，你現在相當於打完前兩場，是時候開始思考如何達成最終目標了──開始投資吧！

退休並不是……

在金錢大翻身中，為了退休生活而投資，不一定等於為了不用工作而進行投資。如果你厭惡自己的職涯，那就轉換跑道。你應該要從事一些能夠點燃你心中熱情和動力的事，並且可以讓你充分發揮天賦。退休常常被解讀為「存到足夠的錢，就可以辭掉我討厭的工作」。這是很糟的人生計畫。

> ❝ 如果你厭惡自己的職涯，那就轉換跑道。❞

哈洛·費雪是一名百歲的人瑞。每週有五天，他還是會進自己創立的建築師事務所工作。費雪先生絕對不是因為需要錢才工作；他之所以工作，是因為他在當中找到了樂趣。他是位教堂設計師，最喜歡的一句話是：「退休得早，也死得早。」他曾經提出過一個問題：「我退休的話，要做什麼呢？」哈洛·費雪在財務上是很安全的，可以想做什麼就做

什麼，這正是金錢大翻身對於退休的定義。

　　當我談到退休，我想到的是安全感。安全感指的是擁有選擇（這就是為什麼我認為「工作」只是退休的選項之一）。退休後，你可以自由選擇去寫書、去設計教堂或者花時間跟孫子孫女們相處。你需要做到讓你的錢比你還勤奮工作的程度。金錢大翻身的退休計畫，指的是以獲得安全感為目標而進行投資。你已經有能力可以辭掉工作了，而且如果你不喜歡自己的工作，你真的應該考慮這麼做。就算不是現在馬上辭掉，也要發展出一份五年的戰略計畫，讓自己轉換到可以充分展現上帝賜予你的天賦的位置上；但是，別等到你都六十五歲了才去做自己鍾愛的事。

　　話雖這麼說，關於金錢這部分還是很重要。你會想要在財務上擁有尊嚴地老去。只有在你有所計畫的情況下，它才會實現。根據 Bankrate.com 網站的一份研究指出，有七○％的美國人都不相信自己退休時，可以保有財務上的尊嚴。我們不只在這方面毫無作為，甚至放棄了希望，不認為那是可能實現的事。美國消費者聯合會發現，在年收入低於三萬五千美元的人當中，四○％的人認為，要讓自己在屆退休之齡時有機會坐擁五十萬美元，最好的方法是中樂透。哇！這些人超級需要金錢大翻身！如果你想要再深入瞭解我們對於現實的扭曲觀點，就思考一下《打造財富》雜誌中的調查結果：八○％的美國人皆相信退休後，生活水準會提高。

如果這不叫活在幻想中，那什麼是活在幻想中！

我是在貧困中成長的，所以我知道每一塊錢都有著什麼樣的價值。我是奶奶養大的，我看著她日以繼夜為了養活我們而苦苦掙扎。她很早就教會了我未雨綢繆有多重要。

我的第一份工作是採收棉花。最後，我在一家天然瓦斯管線公司找到了一份工作，並在那家公司工作了三十五年。我的年收入從未超過六萬美元，但我一直都會將薪資的一〇％投入股票購買計畫中；以前沒有四〇一（K）退休計畫，我們用股票投資來代替。起初，我認為自己負擔不起將那麼大比例的薪資投到退休計畫裡，後來我理解到，長遠來看，我沒有能力去承擔不這麼做的後果。

這份工作做了三十五年之後，我得以在五十八歲就退休了——提早了七年——退休金帳戶裡約有一百萬美元！退休以後，我為自己打造了一間工作房，大部分的時間我都待在那裡，純粹只是為了好玩。我跟太太去西部度了個假，為期整整一個月，因為我們一直都很想這麼做，而我們有可以做這件事的錢了！

因為我們非常有恆心地每個月把一點小錢拿去做投資，而不是用在物質的軍備競賽上，我們現在可以自由地在接下來的日子裡，想做什麼就做什麼了！

　　吉姆（六十四歲）與凱伊．羅賓森（六十歲）

　　兩位皆為退休人士。

　　吉姆曾任天然氣管線公司專門技師；

　　凱伊曾任護理師與專職家庭主婦

　　現實比想像冷酷的多。《今日美國報》報告過，每一百個六十五歲的人當中，就有九十七位無法開出一張六百美元的支票，而且有五十四位都還在工作，只有三人擁有財務自由。六十五歲以上的破產人數在過去十年間成長了二四四％。人終將變老！如果你想要老得有尊嚴，就必須從現在開始投資。投資的目標是長期的安全感，這不是一個你每隔幾年才去思考一次的理論；這是你現在就必須要採取的行動。你要真的去填寫資料、設定轉帳，把錢放進投資裡面。根據這些統計，人們在這個議題上否認現實的程度著實令人擔憂。

嬰兒般的第四小步：
把收入的一五％投入退休金的投資

　　你們當中擔心退休後生活的人，現在可以鬆一口氣了，我們終於走到這一步。第四小步就是要認真建立財富的時候了。記住，當你走到這一步，除了房貸以外，沒有其他需要償付的款項，並且有一筆存款足以支撐三到六個月的生活開支，因此要出手投資應該很容易。即便你的薪資水準低於平均值，還是可以確保自己老得有尊嚴。在踏出這一步之前，你或許停掉了先前的投資，又或者從來沒做過任何投資，而現在，你真的要加足馬力在這上頭了。

　　我所遇見過的人，幫助我發展出這條一五％準則。這條準則很簡單：每年將一五％的稅前總收入拿去投資退休金。為什麼不投入更多的比例呢？因為你需要一些收入去執行後續的兩個步驟：大學基金的儲備以及提早還清房貸。那為什麼不投資少一點呢？有些人會想要降低投資比例或完全不投資，好讓他們的孩子可以把書念完，或者以更快的速度將房貸償清。我不推薦這種做法，因為孩子們的大學畢業證書不會讓你的退休生活有飯吃。我也不建議你先還清房貸，因為我諮詢過太多七十五歲的人，他們都還清了房貸卻身無分文。他們最後得把住房賣掉、或是拿去抵押貸款才有辦法吃飯。在這個階段，你需要在儲備大學基金以及還清房貸之前，先有一個為退休而進行的投資計畫。而且，你從現在就

開始去做的話，複利的魔法會站在你這邊。

　　你在計算一五％的時候，不要把公司的退休金提撥額算進去。你要投資的金額是總收入的一五％。如果公司會幫你提撥部分的退休金，就視其為錦上添花。要記住，這只是經驗法則，所以如果你只投資一二％，或多達一七％，也不會造成什麼大問題，但是你需要理解，跟一五％差得太遠的話會有危險。如果你投資太少，你有天就得去購買那本經典的食譜《你會喜歡的、狗食的七十二種料理方式》。[1] 如果你投資太多，你背房貸的時間會拉太長，這會削減你在金錢大翻身中建立財富的力量。

> ❝ 照顧好自己是你自己的工作。❞

　　出於同樣的理由，不要把潛在的社會安全福利金計算進去。我不會把退休生活的尊嚴寄託在政府上。最近一份調查指出，三十歲以下的人比起相信自己會收到任何一毛的社會（不）安全金，還更相信飛碟的存在。我還滿贊同這點的。我不是在表達政治立場，但是那個系統的數學得出來的結果就是注定失敗。我不是《四眼天雞》[2] 中，預測天會塌

---

1. 原書名為 *72 Ways to Prepare Alpo and Love It*，內容以幽默方式闡述那些入不敷出或者是輕視存款重要性的人會過什麼樣的生活，暫無中譯本。

下來的雞丁；有很多本書都在談論這個亂成一團的社會安全系統。你要理解，照顧好自己是你自己的工作，所以你的金錢大翻身中的一部分，就是進行投資，實現照顧好自己的目標。如果你退休之時，社會安全金已經不存在了，你會很慶幸把我的建議聽進去了。如果出現了奇蹟，你退休時還有社會安全金，那你就有多餘的錢可以捐出去，我相信你會原諒我的錯誤。

你的工具是共同基金

走到了這一步，你需要去瞭解共同基金了。股票市場在其歷史上的平均報酬率略低於一二％。成長型股票共同基金是我會推薦你用來長期投資的標的。成長型股票共同基金作為短期投資標的很糟糕，因為價值會漲漲跌跌，但若是放超過五年以上，卻是很棒的長期投資標的。伊博森研究中心表示，錢在股票市場中放五年後，九七％有賺到錢，放十五年後，則一○○％會賺到錢。《躺著就有錢的自由人生》並不是一本投資學教科書，所以，如果你需要更細節的資訊，可以參考理財課程，或是請教理財專家。我個人的退休基金以及孩子們的大學基金，都是用我在《躺著就有錢的自由人生》中所教導的方式去投資而存到的。

---

2. 二○○五年上映之迪士尼動畫電影，主角為一隻戴眼鏡，名為「雞丁」的小雞。

我會選擇歷史紀錄良好、有超過五年賺錢紀錄的共同基金，如果超過十年都賺錢的會更好。我不會看一年或是三年的紀錄，因為我思考的是長期。我會把退休計畫分散，平均投資在四種基金上。成長收益型基金（有時稱為大型資本基金或是藍籌基金）會占我投資比的二五％；成長型基金（有時稱為中型資本基金或是股票型基金；標準普爾五〇〇指數基金也屬於這一類）占二五％；國際基金（有時也稱為國外基金或是海外基金）占二五％；積極成長型基金（有時稱為小型資本基金或新興市場基金）至少也會占二五％。關於各種基金類別的討論以及我使用這種組合的原因，請上 daveramsey.com 以及 MyTotalMoneyMakeover.com 這兩個網站進一步瞭解。

戴夫的怒吼……
你害怕投資的原因是因為你不知道自己在做什麼。你得去瞭解投資是怎麼一回事。

　　拿去投資的那一五％收入應該要利用各種你能拿到的公司提撥比例與稅務優惠。再強調一次，我的目的並非告訴你每種退休計畫的細節差異，容我先給你一些投資的準則：絕對要從你有給付額的部分開始。如果你的公司會免費給你錢，就收下。如果你的退休計畫中，有三％是公司給付，

那你所提撥的那三％就會是你投資的一五％中的第一個三％。

退休需要的條件

你需要多少錢才能有尊嚴又安全地退休？要花多少時間才能達成？接下來有試算表可以協助你計算出實際的數字。當你可以靠退休儲備金八％的利息過日子，你不僅很安全還可以留下一筆不錯的遺產。如果你的投資報酬率平均是一二％，而四％會被通貨膨脹偷走，那麼八％就是一個夢幻數字。如果你每年賺一二％，會用掉其中的八％，那麼儲備金就只會成長四％。這四％會讓你的儲備金，也就是你的收入，在你有生之年都能超越通貨膨脹率。你每年都會從退休儲備金中獲得更多生活費用。如果你可以靠每年四萬元過著有尊嚴的生活，那麼，你只需要五十萬美元的儲備金就能做到。我會建議儲備金愈高愈好，因為日後會有一些很酷的方式可以運用這筆錢，像是捐贈出去。

如果你在使用這些試算表時，害怕自己無法達到存下一五％的目標，要記住，這只是第四小步，後面的步驟會讓你在保有生活品質的同時，加速投資的速度。

你願意和我一起做個夢嗎？夢中有一對二十七歲的夫妻，收入介於平均值與低於平均值中間，並且正在進行金錢大翻身。他們以瞪羚般的緊繃感，在三年內，也就是三十歲

時，走到了第四小步。他們把收入的一五％投資到四種不同的投資型股票共同基金，五年和十年內獲利紀錄都很優良的標的。根據美國普查局的數據，家庭平均年收入是五萬零兩百三十三美元，那麼這對夫妻，喬伊和蘇西，每年會投資的金額就是七千五百美元（年收入的一五％），或是每個月六百二十五美元。如果你年收入是五萬美元，除了房貸沒有其他債務要償還，並且按照預算過日子，有辦法每個月投資六百二十五美元嗎？跟緊我，如果喬伊和蘇西從三十歲到七十歲這些年間，每個月持續投資六百二十五美元到退休帳戶，那麼，等到他們七十歲的時候，就會擁有七百五十八萬八千五百四十五美元！幾乎高達八百萬美元了。如果我只講對了一半呢？如果你最後只有四百萬美元呢？如果我只說對了六成呢？當然還是打敗了那一百位六十五歲的美國人當中，開不出六百美元支票的那九十七個人！

🍂 每月退休金計畫

> 為了能夠安全退休，你一定要有個目標。太多人採用「預備、開槍再瞄準」的方法來執行退休金計畫。你的功課是要去決定，為了在六十五歲時有足夠的錢退休，在一二％的利率下，你每個月要投資多少錢。
>
> 如果你的投資報酬率是一二％，通貨膨脹率是四％，那你每年都超越通貨膨脹率有八％的淨成長。如果你以一二％的利率投資你的退休儲備金，並且想要在四％的通貨膨脹率下收支平衡，你就要靠著八％的收入過日子。

第一步：
你（現在）希望退休時可以用來生活的年收入：　　　　30,000 美金
　　　　　　　　　　　　　　　　　　　　　　　　除以 0.08
（需要的退休儲蓄金）等於：　　　　　　　　　　　375,000 美金

第二步：
為了存到那筆退休儲蓄金，你的投資報酬率得要是 12%，扣掉通貨膨脹後的淨利率是 8%，所以我們會用 8% 來設定那個要瞄準目標。

| **375,000 美金** | X | **.000436 =** | **163.50 美元** |
| 需要的退休儲備金 | | 係數 | 每月需要儲備的金額 |

8% 的係數（選擇符合你年齡的係數）

年齡	儲蓄的年數	係數
25	40	.000286
30	35	.000436
35	30	.000671
40	25	.001051
45	20	.001698
50	15	.002890
55	10	.005466
60	5	.013610

註記：確保要試算如果你 5 年或 10 年後開始投資狀況下的一兩個不同版本。

　　我認為喬伊跟蘇西的案例遠低於平均值。為什麼呢？在我們這個例子中，他們從家庭平均年收入開始做起，在四十年的職業生涯裡從未獲得加薪。他們會把一五％的薪資放到儲備金裡面，但從來不增加，連一塊錢都沒有。在今天，我們沒有任何藉口在沒有財務尊嚴的情況下退休。大多數的

人在一生的職業生涯中，都會賺到遠超過兩百萬美元的現金，所以你要採取一些行動抓住這些錢。

蓋兒有一天問我，她是不是來不及準備儲備金了。跟喬伊還有蘇西不一樣，蓋兒已經不是二十七歲，但她說話的模樣會讓你以為她已經一百零七歲了。一百歲的哈洛‧費雪在外貌上比五十七歲的蓋兒要有精神多了。生命給了她幾次打擊，使得她失去了大部分的希望。金錢大翻身不是魔術。你站在哪裡就從哪裡開始，然後按照這些步驟去做。這些步驟不管你是二十七歲還是五十七歲都有用，而且步驟也都相同。蓋兒可能六十歲才走到進行投資退休金這一步，而喬伊和蘇西則是三十歲就開始這一步。蓋兒步入耳順之年卻沒有緊急預備金，還背負著卡債和車債，這是很不智的。和我們所有人一樣，當她負債累累又沒有未雨綢繆先準備好雨傘的情況下，是無法存錢的。假如蓋兒是在二十七歲、甚至是四十七歲開始存錢，會不會比較好呢？當然，但是等她自怨自艾完之後，還是需要從第一小步開始，按部就班地去執行金錢大翻身，盡可能地改善自己的處境。

開始永遠不嫌晚。喬治‧伯恩斯（George Burns）八十歲才拿到第一座奧斯卡獎；果爾達‧梅爾（Gilda Meir）七十一歲當上了以色列首相；米開朗基羅繪製西斯汀禮拜堂壁畫時已經六十六歲了。桑德斯上校在六十五歲之前從來沒有做過炸雞，而現在肯德基的炸雞在全球家喻戶曉；史懷哲

八十九歲時還在非洲執刀動手術。開始永遠不嫌晚。過去的已經過去了。就從現在開始，因為這是你唯一的選擇。但是，給所有四十歲以下的讀者一個建議：我們這些四十歲以上的人都在集體高喊：「**投資！就是現在！**」

" 開始永遠不嫌晚。 "

第四小步並不是「快速致富」。你所進行的系統化且持續性的投資，會讓你逐漸變得富有。如果你操弄這個步驟，斷斷續續地投資、總是找到比投資更重要的事，那你註定會是那一百個六十五歲的美國人當中，還在工作的那五十四個。系統性、持續性的投資，是在賽跑中打敗兔子的烏龜。如果你持續去做，你的投資會呈現複利成長、爆炸性增加。提摩西・蓋威（Timothy Gallway）下面這段話常常點醒我：

> 當我們在土裡種下一粒玫瑰種子時，我們會注意到它很小，但不會批評它「沒有根也沒有枝莖」，我們用對待種子該有的方式對待它，給予它種子所需要的水分以及營養。
>
> 當它開始破土而出時，我們不會因為它不成熟或發育不良而斥責它；我們不會在花苞出現時，因其尚未綻放而批評它。我們會驚奇地看著這些過程一一發生，並

給予這株植物在每個成長階段所需要的照護。

　　玫瑰從還是種子的時候就已經是玫瑰了，到了凋零之時也還是玫瑰。在這期間的任何時間點，都完整地具備玫瑰所有的潛力。它彷彿永遠都在變化中；但是在每個時刻、每個階段，它都完美地在其該有的狀態下。

　　一朵花盛開之後並不會勝過還只是花苞的時候；在每個階段，它都同樣是一朵花——一朵發成形的花、展現著自己潛力。

　　這則關於玫瑰的故事在講的是人類的潛力，以及定義你的不是你所做的事情，而是你的本質。你的金錢大翻身以及投資所處的階段也是這樣。用瞪羚般的緊繃感努力讓花朵綻放，只要你有在前邁出步伐，你就是在往勝利的方向前進。到頭來，定義我們的並非財富；你的金錢大翻身會對你的財務帶來影響，同樣也會影響到你的情緒、人際關係以及靈性狀態。這是一個徹底改變的過程。

　　我是在將近兩年前開始收聽戴夫的節目，在這段期間裡，我們把房貸以外的債務都還清了！我們有一筆完備的緊急預備金、有兩部很不錯的車子，車款都已經結清了。而且我們每個月房貸的還款額還不斷地在以倍數增加，大約五年後，我們就會把房貸還清了。最棒的是，我們都還只是二十多歲而已！

　　我比太太先開始負債，我當時已經結婚了。我以為本來就應該借錢買車，而我也這麼做了。沒有貸款要怎麼買車，是吧？我一度兼了三份工作好還清我們的債務。我猜，當我車貸的還款額開始變成最低要求額度的三倍時，銀行大概在好奇到底是怎麼一回事吧！

　　當我們把消費性債務還清並存到了緊急預備金之後，我們就立刻開始投資。我們採納了戴夫《躺著就有錢的自由人生》書中的投資建議，把共同基金分散到戴夫談到的四種不同類型的基金上——成長收益型基金、成長型基金、國際基金還有積極成長型基金。因為戴夫，我們的未來一片光明。如果我們接下來的年收入和拿去投資的金額沒有增加的話，我們還是可以在六十五歲退休，並且擁有一千兩百萬美元！

> 這麼年輕就達到如此程度的財務自由，以及能在財務上幫助與祝福他人，這種感覺很好。戴夫，謝謝了，謝謝你在財務上的見解；更重要的是，謝謝你持續將希望帶給數以萬計的人。
>
> 亞當（二十四歲）與
> 克麗斯蒂・艾維（二十二歲）
> 禮拜牧師；
> 產房護理師

完成這個步驟之後，你就沒有房貸以外的債務，還有一萬美元的現金以備不時之需，並且正為了讓自己可以有尊嚴地退休而努力。我想，我看到你臉上逐漸綻放的笑容了。當我和雪倫抵達這一步，我知道我們生活中的很多事都開始向前邁進了。我們重新拾起當初失去一切時跟著丟失的信心。你會獲得勝利的，感覺到了嗎？如果沒有，回頭再讀一遍這句話。最好是把這句話寫在你每天都看得到的地方：「我會獲得勝利的！」你的生活正在改變！現在，我們要踏出下一步了。

❝ 你會獲得勝利的。❞

第十章

大學基金：確保孩子們在財務上也是健康的

是時候針對大學基金採取一些行動了。你們當中有很多人在前面四小步的過程中始終緊張地搓揉著雙手，到現在連一毛錢都還沒替那些小天使們存到。有些人對大學教育執著到失去理智。念大學很重要，重要到我對自己的孩子們放過話，如果他們不念大學，我會花錢請人來折磨他們，直到他們去念大學為止。說真的，用紮實的教育來展開成年後的人生以及職業生涯，對於這兩方面在質量上都會有所加分。我也上過大學、也畢業了，想不到吧。

準備大學基金前，先搞懂大學教育的目的

曾替父母們進行過財務上的諮詢，很擔心他們如果沒有能力送孩子去念最昂貴的學校，可能為此花好幾年時間懊悔。我很確定我們踏出這一小步的同時，需要審視我們在大學問題上的價值觀。這麼長的時間以來，我們如此賣力地向年輕一輩兜售大學的好處，以至於自己都開始接受某些關於大學文憑的迷思了。大學文憑不是工作保障；大學文憑絕對

無法保障成功；大學文憑更無法保障財富。大學文憑僅僅證明一個人成功通過了一系列的考試。我們都認識幾個大學畢業卻又不得志的人。他們以為自己已經拿到了成功的保證，因此相當失望。

❝ 大學文憑無法保障財富。❞

如果你送孩子們去念書的原因是想要確保他們有工作、能成功、能致富，那你會相當失望，而且是戲劇性地失望。在某些案例中，從孩子們一畢業就搬回家住的時候，這種失望就開始了。聽我一句話：大學很好，但是不要對於大學文憑有過多的期待。如果我們承認，大多數的情況下，大學帶給我們的只有知識，那會怎麼樣呢？如果我們承認這一點，我們就會知道，期待大學文憑能夠為人生帶來保障，失望是必然的。只有當你具有知識並佐以態度、人格、毅力、願景以及極度努力的工作，你的大學學歷才會替你帶來收穫。我們在那張薄薄的文憑上加諸了過多期待，我們要求它做到它無法做到的事。

由於我們把大學文憑變成幫助我們在人生中取得勝利的公式，為了取得文憑，我們會做出愚蠢的舉動。四十歲以前，我兩度從一無所有到變成百萬富翁，這樣的成就，其中有一五％歸功於我在大學裡學習到的知識，文憑則毫無幫

助。《EQ》這本書中也有類似的發現。在針對成功人士的研究中，作者發現成功有一五％可以歸功於訓練和教育，而八五％則歸功於態度、毅力、勤奮以及願景。如果我們大聲承認教育的目的是知識，只是成功方程式當中的一部分而已，我們就不會在追尋聖杯般的文憑這條路上迷失了心智。

可是孩子在大學中結交到的、可以在畢業後「幫助」他們的一輩子朋友又要怎麼說？讓我問問你：你曾經因為大學獲得的友誼而多賺到什麼財富嗎？我的意思不是說友誼不重要，也不是說大學時期的朋友對你的事業沒有幫助；但是，如果友誼的代價是一筆龐大的債務，這個代價真的太高了。再者，不管你在哪裡念書，同樣可以替未來建立起良好的人脈。

我們需要認清我們希望孩子念大學的理由，以此為基礎來設定目標。換句話說，如果你對於文憑沒有寄予如此高的厚望，也許就不會為了讓小孩去念你其實負擔不起的大學，而在家庭開支上東減西扣。再說一次，大學教育很重要——非常重要——但無法解決孩子所有的問題。我會大膽地表示大學甚至不是必需品，只是你想要獲得的東西；它不是必需品，而是奢侈品。我清單上的奢侈品，其順位不該超越退休金、不會排在緊急預備金之前，也絕對不是讓自己負債的理由。

選擇大學的準則

做些功課，瞭解一下念大學所需要的花費。比較一下這些學校。在某些專業領域和極少數職業中，你畢業自哪裡很重要，但在大多數情況下並沒什麼影響。在我們的工作文化中，大學「血統」的重要性已經愈來愈低了。如果你當初選擇去念州立學校，口袋裡的現金就足以支付這筆費用完全不用負債的話，你要拿什麼理由去合理化那筆七萬五千美元的債務，就只是為了去念私立學校？你沒辦法給出合理解釋的。如果你有七萬五千美元的閒錢，或是全額獎學金，在不用負債的情況下想去念私立學校，那當然要去；除此之外，多考慮一下吧。

選擇大學的第一條準則（不管是替你自己或替孩子選都一樣）就是：用現金支付。第二條準則是：如果你有現金或者獎學金，那就去念想念的學校吧。兩年前，我遇到了我母校商學院的院長。我念書的時候，一般大學生在公寓而不是宿舍度過四年大學生活中的三年、在校外用餐而非購買學校餐廳的餐券，到了畢業，身上就會多出一萬五千美金的學貸。平均而言，在校外吃住的花費會比住宿舍、吃學生餐廳每年多出五千美元。學生們「不得已一定要使用」、不然就沒辦法念大學的學生貸款根本就不是為了學費。平均而言，學貸都是用來支付在校外的生活起居。取得文憑不需要任何的債務，債務只是讓你在取得文憑的過程中顯得體面。

> **" 遠離貸款;做好規劃以避免借錢。"**

學貸就像是那些不討喜的親戚,來你家「只住個幾天」,但是幾年後卻依然出現在你家客房裡。我們散播了那個迷思:沒有學貸就當不了學生。這不是真的!根據 FinAid.org 網站指出,有七〇%的學生會為了應付學校的開支而借錢。學貸成了常態,而常態就是身無分文的生活。遠離貸款;做好規劃以避免借錢。

如果你已經計畫好你的儲蓄目標,但預算裡沒有太多空間給大學基金,不要慌張。知識只是成功方程式當中的一部分。用你有能力存到的錢,你的小孩們如果願意邊念書邊打工的話,他們還是可以取得很好的文憑。打工對他們很有幫助,那些跟親戚同住或是住宿舍,在學生餐廳吃飯,並能夠忍耐其他辛苦的人,他們念的大學就算沒有知名的「血統」,他們還是從中獲取知識。他們沒有活在文憑能夠保障工作或成功的錯覺之下。

現在,我們可以規劃一些合理、做得到的大學基金儲蓄目標了。

嬰兒般的第五小步:
為了大學而存錢

很多人都認為念大學很重要;然而,幾乎沒什麼人真正

替自己孩子的大學教育存到錢。《財經雜誌》以及哥倫比亞廣播的《市場觀察》皆引用了一個令人感到憂心的統計數據：有小孩的美國人當中，三九％的人一毛錢的大學基金都沒準備。我們為什麼做得這麼差？是因為我們處在債務之中，沒有緊急預備金、沒做預算，諸如此類的情況。我們需要像嬰兒學步般，一小步一小步在金錢大翻身的路上走到這裡，才開始有餘錢可以投入大學基金。如果你在存大學基金，卻沒有緊急預備金，那你被資遣的時候，就會把這筆大學基金掃蕩一空，以防止房子被法拍。如果你一邊償還債務，還試圖存大學基金，那你根本就存不到錢。相反地，等你一小步、一小步走到這裡，你就會有穩固的基礎，也有錢可以存。如果你沒有孩子，或是你的孩子已經成年，直接跳過這個步驟就好。

笨蛋數學以及愚蠢稅

利息真有趣！

如果你房貸的還款額是九百美元，利息部分是八百三十美元，那麼你每年將會支付一萬美元左右的利息。你可以用這一萬美元取得三千美元的稅金優惠。但哪個腦袋清楚的人會選擇用一萬美元換三千美元？

我們剛開始幫女兒研究大學選項時，我們感到相當憂心。我們一直過著收支平衡的生活，但從來沒有為了未來進行儲蓄。我們聽說過有些學生為了念大學，債務會累積到好幾萬美元，但是我們不希望女兒完成教育的時候，還要背負著這個重擔。

我們不認為用現金支付大學學費是可能做到的事。起初，我們只是打算盡己所能地幫助她，然後，我們會負債以支應她其餘的開支。

做了一些功課之後，我們發現女兒可以在社區大學完成大部分的課程——而且花費會低得多！兩年間，她每天持續開三十二公里的車通勤上學，可以住在家裡。最棒的是，她拿到了三筆不同的獎學金，這些錢支付了她一半的學費。

兩年後，她畢業了，拿到了文學院副學士的學位，並轉到四年制的大學。她很用功、拿到了更多的獎學金，這又減少了她需要付的學費。我們提供的協助是支付她的公寓租金和學費；而她則是去打工賺取書籍、食物和生活所需的費用。這是一次團隊合作的練習，我們都很專注在達成目標上：畢業的時候不要負債。

> 我們發現，一點點創意加上大量的努力，我們真的有辦法用現金去支付女兒的教育費用——也成功了！我們的女兒幾個月後就會在沒有學貸壓力下畢業了！
>
> 克雷格（五十五歲）與
> 凱倫·賽摩爾（五十二歲）
> 配鏡師；
> 警察機關行政職員

每月大學基金計畫

為了要有足夠的錢上大學，你必須要有個目標。你的任務是要決定在利息 12% 的前提下，每個月要存多少錢，才能存到足夠的錢念大學。

如果我們是按照 12% 的利息計畫儲蓄，而通貨膨脹率是 4%，那我們每年都會超過通貨膨脹 8%。

第一步：
以現值來看，你選擇的大學需要花多少錢：\$＿＿＿＿＿＿

× **4 年** ＝   \$＿＿＿＿＿＿

（小提示：每年大約 15,000 至 25,000 美元）

第二步：
要存到這筆大學預備金，你會以利率 **12%** 的前提去投資和儲蓄，扣掉通貨膨脹後淨利率就是 **8%**，因此，我們會用 **8%** 來計算大學儲備金的目標。

＿＿＿＿＿＿＿ × ＿＿＿＿＿＿＿ ＝ ＿＿＿＿＿＿＿
你需要的儲備金總額　　　　係數　　　　每個月需要存的錢

8% 係數（選擇符合你孩子年齡的係數）		
孩子的年齡	儲蓄持續的年數	係數
0	18	0.002083
2	16	0.002583
4	14	0.003247
6	12	0.004158
8	10	0.005466
10	8	0.007470
12	6	0.010867
14	4	0.017746
註記：確保要試算如果你 5 年或 10 年後開始投資狀況下的一兩個不同版本。		

　　無論你是用什麼方法替大學生涯做儲蓄，一定要去做。遺憾的是，現在大多數大學畢業的人在尚未展開職涯前，就已經深陷債務。如果你儘早開始並積極儲蓄，你的孩子就不會是其中之一。

在債務累積了數年，讓我們又累又挫折之後，我準備好要釋放自己並開始做計畫，以獲得更好的未來。目前尚未成為我丈夫的傑羅，是個很會鼓舞人心的人，但真正讓一切開始有所不同的是當我姐姐跟我提到戴夫那時起。傑羅跟

我讀了《躺著就有錢的自由人生》，去參加了現場活動，並且決定在我們結婚前，是時候開始以瞪羚般的緊繃感攻克債務了。

我們兩人都還清了車貸，傑羅終於擺脫三萬六千美元的學貸，而我們兩個人加起來總共存到了九千美元用以舉辦婚禮。身為一對擁有預算和財務計畫的新婚夫妻是很棒的一件事。我們成功抗拒愚蠢的消費行為和拒絕信用卡的誘惑後，按照預算花費並存錢這件事馬上就變得容易多了。我們還分配了一筆錢給自己，是我們可以隨心所欲使用的。我們選擇將這筆錢的大部分都拿去存，有效地限制了我們衝動購物的行為。由於我們年收入大約僅有四萬兩千美元，我們得聰明地用錢。我們決定要購買二手傢俱，並且將我的休旅車賣掉，換一部比較經濟實惠的車。

不用當月光族的感覺很棒，傑羅跟我在財務方面達成了共識，也為我們的未來而興奮。不必再去償還過去的債務，而是替眼前的道路做計畫，這種感覺真是言語難以形容的讚。我們現在正在建立緊急預備金以及買房的頭期款。等我們真的決定要定下來的時候，就有錢去做出相應的改變，真的是太好了！

凡妮莎（三十歲）與

如果你時間不多，那就發揮點創意

如果你只有兩年的時間，並且因為有了點年紀才開始進行金錢大翻身，無法存到足夠的錢，那該怎麼辦呢？首先，回去看看這章開頭提過的觀念。你要制訂一個計畫，讓你的孩子去上比較便宜的學校、住在學校裡，吃學生餐廳的食物。你追求的是知識，不是某種名牌。學生貸款絕對免談。你一定要發揮創意並善用資源。讓你的孩子去思考，有哪些公司可能會想僱用他們，讓孩子去那些公司工作，並公司是否能支付一邊念書進修的費用。很多公司都會幫「成年」員工支付學費。公司會答應嗎？可能不會；大部分都會拒絕，但其實你只需要有一家公司點頭同意就行了，所以要多問幾家。

去找那種有半工半讀計畫的公司。很多公司都會有支付學費的計畫，並且跟當地的大學簽有學費協議，好吸引到勞動力。舉例來說，UPS 快遞公司在很多城市都有提供一種方案，即你每週上二十四個小時的夜班，工作是貨物分類，他們就會支付你白天的學費；除此之外，這份打工的薪資還非

常優渥。這只是眾多例子中的一個,這種計畫是為了吸引那些想要獲得知識,而不是為了想「體驗大學生活」才去上大學的人。

去看看軍方有沒有什麼方案。並非人人都適合軍隊,但是有一名曾經替我工作的年輕人就是用四年兵役生涯換來免費的大學教育。老實說,他其實很討厭軍隊,但這是他上大學的門票。他是在領住房補助金的家庭中成長的,而且從小到大聽到的都是他沒有念大學這個選項。他就是不服輸。

我那時候捉襟見肘、挖東牆補西牆,我刷爆了兩張信用卡,沒有任何轉圜的餘地。我知道再這樣下去,我是撐不久的。

我當時面對的是三萬五千美元的債務──我的年收入也只有三萬五千美元!當我的愛車故障,修車師傅給了我一份一千五百美元的維修報價單時,我知道我真的不能再否認現實了!

首先,我四處詢價,找到了一位很好的師傅願意以三百美元的維修費幫我處理。然後,我去兼了第二份差好支付這筆費用。

很快地，我終於決定要一勞永逸地解決我的債務。
我想要快速解決這件事，所以我去兼了額外的工作。
我週末會在高級度假飯店裡當房務員，每天工作十個
小時。我記得我從第二份工作下班時，是一路邊哭邊
開車回家的；因為我再也不想刷馬桶、鋪床單了！但
是我知道最後，一切都會值得的。

很困難，但我做到了──三萬五千美元的債務全
部都付清了！我把所有的信用卡都處理掉了，也不再
購買無用的東西。我還有一筆緊急預備金以及新的購
車基金。制訂預算改變了我的人生！在我兼兩三份差
的時候，曾有人嘲笑我，但現在，我不但還清了債務，
還在財務上領先他們了！

雪莉・霍根何（三十一歲）
商業流程改善分析師

如果終身軍職不適合你，就去看看陸軍國民警衛隊；在
你高中畢業升大學的那個暑假，他們會付你費用去參加新兵
訓練，之後，也會支付足夠的學費與書籍費用，讓你把剩下
的書念完。當然，你會在陸軍國民警衛隊中服役。

暑假的時候，可以去做那種失敗率很高、收入也很高的
銷售工作。年輕人兜售書籍或參加類似計畫好讓自己念完大

學的故事不勝枚舉。有些年輕的游擊式銷售人員在這些暑期銷售戰場中學到的，比在行銷課上的還要多。我有一個朋友在某年夏天就賺到了四萬美元。秋天時，他回到校園，他的行銷學教授在一次公開發表的銷售簡報中給了他 C。我那位當時還不太成熟的朋友問教授一年賺多少錢？經過一番挑釁，教授坦言他的年收入是三萬五千美元，我朋友起身走出教室，可惜地，他輟學了。不過他會沒事的，他去年的收入超過了一百二十萬美元。我說這個故事並非倡導輟學，因為即便是他，也會告訴你如果當初有念完就好了。我說這個真實故事是因為這則故事充分展現了一點，即他在試著賺錢付學費的同時，學到了非常珍貴的一課。對於那些為支付大學費用而工作的年輕人來說，除了等著錢進來，還會有其他的收穫。

戴夫的怒吼……

如果你收到一筆很大的退稅額，你就是允許政府在這一年裡無償使用你的錢，連利息都不用付。

　　如果你已經有學生貸款或是不想要一開始就貸款，就去看看「資源缺乏地區」相關計畫。如果你願意去一些資源稀缺的地區工作，政府就會替你償還學生貸款或替你付學費。這些地方通常都位於偏鄉或城市中的低收入區。大部分這類

型的計畫都是針對法律和醫療服務工作。如果你念的是護理，就到低收入區的醫院工作個幾年，你就可以托聯邦政府的福，享受免費的教育。

除了存錢，支付學費的方法中，我最喜歡的是獎學金。每年有多少獎學金無人領取，人們卻還在為獎學金名額而爭議。當然，網路上會有人以此為話題來炒作，但是公允而論，每年發出去的獎學金有好幾億美元。這些獎學金不是學術上或體育上的，而是社區俱樂部核發的中小型獎學金。扶輪社、獅子會或者美國青年商會，每年都會多次核發兩百五十或是五百美元的獎學金給優秀的年輕人。這些獎學金有些是針對個人種族、性別或是宗教來核發，比方說，有些獎學金的宗旨是在幫助原住民的小孩接受教育。

你可以在網路上購得這些獎學金的清冊，甚至也有軟體版可購買。我的節目裡有一位名叫丹尼絲的聽眾，她採納了我的建議，買了一套這樣的軟體，並運用了這套系統。那套軟體裡包含了三十萬種可以申請的獎學金。她不斷擴大資料庫的搜尋，直到申請了一千種獎學金為止。她整個夏天都在填寫申請書以及申請文。一點都不誇張，她是真的申請了一千種獎學金；其中有九百七十筆拒絕了她，但是她拿到了三十筆，而這三十筆的款項加總是三萬八千美元。當她隔壁的鄰居抱怨找不到錢付學費，最後只好去申請學生貸款的同時，她沒有為了念書花到任何一毛錢。

如果你穩健地踏出這些小小的步伐，就不用負債送小孩去念書。即便你很晚才開始，憑著毅力和善用資源，還是可以讓他們念完大學。好消息是，你們當中已經進行了金錢大翻身的人，很可能不只是可以支付孩子的教育費用，還可以在無負債的情況下讓你的孫子接受完教育——方法是教會你的孩子如何處理金錢。

第十一章
還清房貸：讓自己變得健康窈窕

　　我有一個好朋友很常去跑馬拉松。我坐在一旁聽他講述那些馬拉松參賽故事時，經常充滿驚奇。讓我驚豔的是馬拉松參賽者的投入、訓練，以及所承受的痛苦。我曾經跑過一次完整的馬拉松，我也喜歡一年參加幾次半馬。當你進展到第六小步，你就等同在建立財富的世界中，走到了與馬拉松參賽者同樣的地位。你有過幾次精彩的跑馬紀錄，但你還沒跑完全程。

> **如果你不夠小心，「夠好」可能會成為「最好」的敵人。**

　　我那個跑馬拉松的朋友布魯斯告訴過我（我也親身體驗過），到了大概二十九公里處（全程是四十二點二公里左右），跑者的身體就會開始變得很緊繃，在這個階段，你的肌肉和心理會開始出現一些非常糟糕的狀況。你幾乎快跑到終點了，但是你的身體卻不希望你完成比賽。受過高度訓練、在調適中的身體會叫你停下來。巨大的懷疑烏雲會飄進

你堅強且被訓練得具有高度競爭力的大腦。這樣的想法會跟著冒出來:「**二十九公里已經很不錯了;很少有人能真的跑完**。」如果你不夠小心,「夠好」可能會成為「最好」的敵人。「糟糕」鮮少成為「最好」的敵人,但夠好再加上一絲懷疑,可能會讓你遠離卓越。好的收尾可能會比好的開始更為重要。

走到最後、達成目標

　　走到金錢大翻身的這一步,除了房貸,你已經沒有任何債務了,還有足以支付三到六個月生活開支(一萬美元左右)的緊急預備金。走到這一步,你已經把收入的 一五％ 拿去存退休金,也在投資孩子們的大學教育基金,並且對兩者都抱有堅定的目標。你現在已經名列前段班了,因為你擁有一些財富、有計畫,並且握有控制權。走到金錢大翻身的這一步,你身處在極大的誘惑之中,滿足於「夠好了」的危險狀態。你現在就位於馬拉松的二十九公里處,是時候往終點邁進、達成目標了。最後這兩小步並非遙不可及。我向你保證,很多人都曾經到達這個地方,但有些人就此停住,並因此深感後悔;其他人則繼續保持瞪羚般的緊繃狀態,持續夠長的時間,讓他足以跑完全程。後者清楚看到,只剩最後一個障礙需要跨過,在那之後,他們就可以自詡為完成金錢大翻身的贏家。

我們二〇〇二年開始戴夫的金錢大翻身計畫，那時我們身上有超過三千美元的房屋淨值貸款、卡債、三萬美元的房貸，也沒有為緊急預備金儲蓄。我們的生活開支是四萬五千美元，且感覺失控。當我們學到了這一套由小小步伐所組成的流程，我們理解到，這是擺脫這種窘境最好的方法。我們用最快的速度開始踏出這些步伐，我們的生活也立刻開始轉變。

我們知道自己首先需要在預算內過日子，並且把還債雪球滾起來。要開始推動這些計畫最好的方式就是進行一場車庫大拍賣，結果好極了！我們賺到超過五百美元，並且馬上就繳清了幾張帳單。我們繼續努力存錢、努力增加工作，我們決心要打敗這個惡性循環，在困難中前行。我們把消費性債務還清、存到完整的緊急預備金，也開始投資。我們對於徹底擺脫債務的專注，連自己都感到驚訝。

但是我們並沒有就此停下腳步——最終的挑戰是要還清房貸。這是我這輩子最有挑戰的事情之一。我去找了第二份兼職工作，在全職工作外，每週另外去做三十小時的辦公室清潔工作。喬伊一週七天都加班

工作。在那極度困難的五個月期間，我們這輩子從沒如此努力過，但是我們知道這些努力會是值得的。然後，我們終於在二○○五年達成目標。我們還清了房貸，讓自己徹底的**無債一身輕**！

當你不再有付款的重擔壓在肩膀上，那種自由的感覺令人難以置信。我們現在可以將全副精力放在退休金的儲蓄上，並真正地開始好好過生活了！我甚至辭掉工作，自己開了一家公司，好讓自己不必每天去做那份討人厭的工作；我可以做自己熱愛的事情。那些願意等待之人，真的能盼到好事的到來。

在這段經歷的過程中，上帝絕對賜予了我們祝福。我們的未來第一次不再像夢一般的存在，而是真的可以實現。如果我們都可以做到，任誰也都做得到！

卡拉（三十八歲）與

喬伊‧舒博克（四十三歲）

設計師／牧師；

印刷師傅

嬰兒般的第六小步：
還清房貸

這是在你開始超前、邁向無債一身輕的最後幾公里。沒有任何債務要還，那是一種什麼樣的感覺呢？我之前說過，而且在你聽進去之前，我會一再反覆叮唸；如果你把每個月拿去還債的錢拿去做投資，你很快就會是沒有債務的百萬富翁了。你建立財富最好的工具就是你的收入。現在，你可以看到各種可能性在你眼前展開。你已經受過相關訓練、狀況也調整好了，並搭配適當飲食好跑完這場馬拉松。所以不要在二十九公里處放棄！預算中，除去生活費、退休金、大學基金以外，你找得到的每一塊錢，都應該投入還清房貸當中。你要用瞪羚般的緊繃狀態去對房貸展開襲擊。

> **❝ 沒有任何債務要還，那是一種什麼樣的感覺呢？ ❞**

我家有一隻很棒的狗，是一隻哈巴狗，跟《MIB 星際戰警》電影裡那隻法蘭克一樣的品種。牠的名字叫作天堂，我們對牠說話的時候，牠會帶著疑惑的表情、歪著那顆小小圓圓的腦袋，彷彿我們瘋了似的。如果你聽過我們跟狗說話的方式，你可能也會以為我們真的瘋了。當我們說出一些不符合文化價值的話時，也看過人們用那種歪著頭的表情看著我

們。當我說出：「還清房貸」，有些人就會用這種表情看著我，彷彿我叫你們飛上月球一樣。

他們覺得不可置信，原因有二。第一，大多數的人都放棄希望了，他們並不相信自己有任何機會做得到。第二，大多數的人都對房貸迷思照單全收，並持續散播出去。沒錯，我們必須消除更多的迷思。有兩個主要的「理由」，使得那些看似聰明的人（我很長一段時間也是這樣）不去還清房貸，所以，我們就從這些開始吧。

記住，要小心迷思

迷思：留著房貸，以取得減稅額是明智的。
真相：減稅額並不划算。

我們在談那種剝人一層皮的租車方案時，已經討論過稅務減免的問題了，讓我們複習一下。如果你有一棟房子，每個月要還的金額大約落在九百美元左右，其中，利息占了八百三十美元，那麼，你該年度所支付的利息會是一萬美元，這會為你帶來免稅額，因此有迷思認為，你留著房貸可以保有稅務上的優惠。

這個狀況，也是另一個讓你測試你的會計師會不會算術的機會。如果你沒有一萬美元的免稅額，而你的稅率是落在

三○％這個區段，那麼，你就得支付三千美元的稅金。根據這項迷思，我們應該要支付一萬美元的銀行利息，以避免付三千美元給國稅局。就我個人來說，我想我寧願選擇過零負債的生活，也不會用一萬美元去換三千美元。如果你們當中有人想要找人代繳這三千美元稅金，麻煩寫封電子郵件給我；只要你開一張一萬美元的支票兌現到我的帳戶裡，我會立刻親自去幫你付掉那三千美元；我是會算術的。

另一個理由

迷思：利用房子盡可能地去借錢（或是反覆拿去貸款、兌現）是明智的做法，因為它的利率很划算；然後把這筆錢拿去投資。

真相：當煙霧散去，你其實是白忙了一場。

　　這一個理由有點複雜，但如果你跟著我繼續看下去，就可以瞭解為什麼那麼多人會掉進財務陷阱裡了。我在學校裡學到的迷思是，要用低利率的債務去進行高報酬的投資。（我並不反對高等教育，只要我們學到的都是事實就行。）令人不忍卒睹的是，一些「財務規劃師」告訴我們以八％左右的利率，用房子去借錢，然後再用這筆錢去投資平均收益一二％的成長型股票共同基金，因為你可以輕鬆賺到四％

的差額。

共同基金是很棒的投資標的，就像我前面說過的那樣，我個人在優良的成長型股票共同基金上投入很多金錢。此外，股票市場的平均報酬率就都在一二％左右。會有幾年表現不錯、幾年表現很差，過去十年間，兩種狀況我們都經歷過了，但是長期來看，平均報酬是一二％。

這項迷思的問題在於，賺到四％差額或利潤的假設是錯的。散播迷思的人──我也曾經是其中──所用的投資方法非常天真。

我們以用房子去借十萬美元來投資為例好了。如果你借款的利率是八％，你會需要支付八千美元的利息，如果你把借來的十萬美元拿去投資，並且賺到了一二％，你的投資收益就是一萬兩千美金，所得出的淨利就是四千美元。是這樣嗎？在我住的地方，如果你因為投資賺到了一萬兩千美元，你會需要付稅。如果它適用於三○％這個稅率級距，以一般的薪資水準來算，你就得付三千六百美元的稅金，或者，如果你的收益是資本收益利率，那就要付兩千四百美元的稅。所以淨利不會是四千美元，而是四百到一千六百美元。但這還沒完。

如果我有一棟房子，就在你隔壁，而我沒有任何債務，但你（因為你的投資顧問這麼建議）用房子借了十萬美元，誰承擔的風險比較高呢？當經濟衰退、戰爭發生、或是有開

戰傳言，當你病了、或是出了車禍、或是被裁員的時候，你會因為十萬美元的房屋抵押貸款有大麻煩，而我絕對不會有這個問題。所以債務會導致風險增加。

我可以證明風險真的會增加。在二○○八至二○○九年經濟衰退期間，房地產貶值、市場放緩，許多人的房子都被法拍了。我做了深入而仔細的研究後發現，被法拍的房子當中，有一○○％都是被拿去設定抵押貸款。不幸的是，在那些失去房子的人當中，有些人都有一位沒有考量風險，並建議他們「利用」資產的天真財務規劃師。如我之前所言：「海水退了，就知道誰沒有穿褲子。」

既然債務會提高風險，我們身為精明的投資者，就一定會加入係數來計算收益的減少。如果你可以在共同基金上賺到一二％，然後，我試圖說服你在輪盤遊戲裡下注，而報酬率是五○○％，你馬上就會說這兩者沒得比較。為什麼呢？因為風險。出於常識，你會知道如果你沒有用風險來調整收益的計算，就不能將共同基金和輪盤遊戲的收益兩相比較。出於常識，你會知道輪盤遊戲那五○○％的增值必須打折扣，因為有風險，你寧願選擇共同基金。選得好。

> **" 知道自己的弱點在哪，然後採取一些措施，確保自己不會淪為弱點的獵物。"**

其實，這在學校裡也有教。統計學上有一個計算風險的係數，稱為 Beta 係數，Beta 係數愈大代表著風險愈高。擁有碩士學位且學過計算高風險投資數學公式的金融人士，會在以風險係數做出調整後，再去比較哪個投資比較安全。我們只是從來沒有把這個公式套用在無債務的房子、以及被拿去抵押貸款做投資的房子上，而這很天真。這些相當具技術性的公式，是讓你晚上可以安心入眠的好方法，但你得理解，你不能將處於零風險和具風險的狀況拿來兩相比較，除非你有做過調整。

重點是，用稅金和風險做出調整後，從我們這個簡單的小公式裡可以看出，你沒有賺到錢。在花了一輩子抵押貸款再投資的操作後，沒有債務的人反而跑在更前面。

迷思：申請三十年期的房貸，但告訴自己把它當成十五年期去償還，萬一出了什麼差錯，你還能有轉圜的彈性。

真相：差錯一定會發生。

對於金錢大翻身，有一件事情我很確定：我不能再欺騙自己我夠自律，而且自我控制能力很出眾。這是個謊言。我得要使用系統和計畫來讓自己做聰明的事。嘴巴上說：「我打從心底發誓，我繳房屋抵押貸款時，一定會多還一些，因為我是地球上唯一能做到如此自律的人。」這是自己騙自

己。要在財務上變健壯，有很大一部分就是要知道自己的弱點在哪，然後採取一些措施，確保自己不會淪為弱點的獵物。**我們**都有弱點。

孩子生病、變速箱壞掉、高額的冷暖氣帳單，還有小狗的疫苗，這些都會發生，結果是，你不會多還一些錢。然後，我們就會繼續擴大這個謊言：「喔，我下個月就會多還一點了。」長大好嗎！美國聯邦存款保險公司表示，有九七·三％的人都不會有系統地為房貸額外還款。

期數要短，這很重要

房屋購買價格：	250,000 美元	
頭期款：	25,000 美元	
貸款額度	225,000 美元	
以利率 7% 計算	每月金額	總額
30 年期	1,349 美元	485,636 美元
15 年期	1,899 美元	341,762 美元
差額	550 美元	143,874 美元

以上表的計算，只要每個月多還五百美元，你就會省下將近十五萬美元，並少掉十五年的束縛。另外，我還發現了非常有趣的事，就是十五年期的貸款總是會在第十五年才還完。金錢大翻身有一部分就是在建立起一個系統，協助你自發性地做出聰明的行為，十五年期房貸就是這樣一個系統。三十年期的房貸則適合甘願被奴役，想讓這種狀態再延長

十五年，並且多付好幾萬美元以享受「優惠」的人。如果你必須使用房貸，就假定你只有十五年期這一種選擇。

如果你拿到很好的利率，就不需要再利用重新貸款企圖在十五年內或更早付清房貸。你只需要按照十五年的房貸分期去還款就行。如果你打算在十二年（或是任何你想要的時間內）付清任何的貸款，可以拿一部計算機，用你的貸款利率，根據你的十二年期貸款餘額，計算出合適的還款額（或你希望的還款數字）。一旦你得出該還款金額，就將這筆以新的本金和利息算出的還款額與現行的還款額兩者間的差額，加到每月貸款還款額上，就可以在十二年內償清你的房貸。

重新貸款最好的時機，是當你可以節省利息的時候，用本章最後的試算表（附錄二）去判斷你是否需要重新貸款。當你在重新貸款時，利息點數以及初始費對你可能不利。利息點數和初始費是指預付的利息。當你支付利息點數的時候，就可以拿到較低的年利率，因為你已經事先支付一部分的利息了。計算一下就可以知道，你在利息上省下的錢並不足以支付你預付的利息，而且，通常要把錢拿回來需要花上十年的時間。抵押銀行家協會表示，房貸的平均壽命一般只有三到五年，所以平均而論，你透過重新貸款或移轉貸款所省下的錢，並沒有多到可以讓你在還清貸款前把錢拿回來。當你要重新貸款時，最好要求「利率平價」，意思就是零點

數以及零初始費。抵押貸款經紀人可藉由轉售貸款來賺取收益；他們不需要初始費來獲取盈利。

迷思：如果你知道你「無論如何，幾年後就會搬家」，那麼，選擇可調利率房貸（ARM）的低利率是明智的做法。

真相：他們將房子拿去法拍的時候，你就會搬家了。

可調利率房貸是在一九八〇年代早期發明的，在此之前，我們這些做房地產生意人的賣的是利率七％或八％的抵押貸款。後來發生了什麼事呢？我就身處那場經濟災難中，當時，利率攀升到一七％，房市都凍結了。貸方得支付一二％的定存利息，然後以七％的利率放款貸出好幾千萬美元的房貸。他們在虧錢。放貸者不喜歡虧錢，於是，可調利率房貸因而誕生了，也就是當現行市場利率升高時，你的貸款利率也會上升。可調利率房貸的誕生是為了將高利率的風險轉嫁到你身上，也就是消費者的身上。過去幾年裡，房屋貸款利率達到了三十年來的新低。在利率低到谷底的時候，去使用可調整利率的貸款方案是不明智的！散播迷思者似乎總想在你的房子上增加風險，你應該確保自己房子的穩定性。

氣球貸款（指的是月付金額較小，但尾款較大的貸款方案）更糟糕，氣球會破掉，而且氣球破掉的聲音總是非常嚇

人，我老是覺得很奇怪，為什麼我們沒有預期到氣球會破掉呢？氣球會破是非常自然的事情。明智的金融人士都會遠離風險，而氣球貸款則會帶來風險。如果你整筆貸款的期限是三十六個月或六十個月，你等於是寄了一張精美的邀請函請莫非來作客（還記得莫非吧？如果事情有出錯的可能性，就一定會出錯），住進你家的客房裡。多年來，我看過好幾百位客戶以及打電話進節目的人都跟吉兒一樣。

吉兒是一位家庭主婦，她的先生既幹練又上進，正在任職的大企業中努力往上爬。她先生向她保證自己一定會晉升，因為他的職涯正在快速地發展。因此，他們申請了五年期低利率的氣球貸款。「我們知道五年後我們就會搬進去」她說道。房貸繳到第三年時，她先生開始有頭痛症狀，不幸的是，最後診斷出是由腦瘤所引起。當我們與這位正在大企業爬升的高階主管會面，他只能說著少數的詞彙且坐在輪椅上，三十八歲已確診為永久性失能。他的命是撿回來了，但是一場接一場的手術摧毀了他；而吉兒已屆中年，是兩個孩子的母親，還有一位失能的丈夫，當氣球貸款到期時，她沒有收入可用房子重新貸款。

驚人的數據

八〇％的美國人都相信自己退休後的生活品質會提升。如果這不是活在幻想中，什麼是活在幻想中！

銀行法拍了他們的房子，並非因為銀行是冷血之徒，他們只是在盡自己的本分罷了。我希望我能告訴你這個故事最後有個好的結局，但事實是，他們低價賤賣了自己的房子以阻止法拍，現在租房子過活、努力試著生存下去。之所以會發生這樣的事，都是因為他們試著省下那少少的利息錢。「因為我們知道我們會搬家。」他們最後還真的搬家了。

迷思：比起緊急預備金，利用房屋淨值貸款更好。

真相：再說一次，緊急事件發生的時候，正是你不需要擁有新債務的時候。

房屋淨值貸款是最被積極行銷的貸款方案之一。一般欠了一屁股債的人都會窮盡各種借錢方式，除了次級房貸以外。這令人很感傷，因為我們冒著失去房子的風險去度假、創業、整合債務，或者僅只是因為緊急儲備基金。當他們犯下房屋淨值貸款這個錯誤決定，也是壓垮駱駝的最後一根稻草時，這些身陷困境的家庭會來找我。

銀行業將這種貸款簡稱為 HELs，[1] 然而從我的經驗來看，他們根本就直接稱它是地獄（HELL），只是最後一個 L 沒有寫出來罷了。這種貸款非常危險，而且以法拍作收的數

---

1. 譯者註：原文全名為 home equity loan，HEL 為其三個字的字首字母縮寫所組成。

量多到讓人瞠目結舌。

即便是生性保守，連卡債都沒有，去度假也都付現的人，也可能會做出走進房屋淨值貸款地獄的錯誤決定；因為他們想要貸個款或建立「信貸額度」，以備不時之需。這看起來很合理，直到你經歷過一兩次緊急事件後，你才會徹底地醒悟，遇到緊急狀況的時候，是你最不需要欠錢的時候。如果你的車撞壞了、或者丟失工作，於是拿房子去借三萬美元，以維持你在試圖振作期間的生活，結果是，你很可能會因此連房子都丟了。大多數的房屋淨值貸款皆可以每年續約，意味著，他們每年會重新審核你的貸款。

艾德和莎莉並未意識到這一點。艾德是個在財務方面很精明的人，或者他自以為很精明，所以他使用了房屋淨值貸款作為應急用的基金。莎莉的車子撞壞了，損傷嚴重，屋漏偏逢連夜雨，在那三個月之間，艾德被裁員了，他們很快就經歷了房屋淨值貸款的地獄，並開始付不出帳單。到了房屋淨值貸款年度續約時，銀行選擇不再繼續接受他們的貸款，因為他們的信用不良，而在此之前，他們十七年來的婚姻生活裡，都保持著很完美的信用紀錄。銀行做出貸款即刻到期的宣告。艾德無法相信銀行會在他們遭遇低潮時將他們踢出門外。貸款即刻到期的意思就是，他們需要重新貸款來還銀行錢。但你猜怎麼著，他們沒辦法重新貸款，因為他們的信用不良。最後的結果很令人難過；他們把房子賣了以避免被

法拍。艾德當初算計錯誤，他們應該要存一筆緊急預備金，而不是去貸款。

迷思：你不可能用現金買房！
真相：要不要打個賭。

首先，我要告訴你房屋貸款是唯一不會讓我大聲喝斥的債務。我希望作為金錢大翻身的一部分，你可以還清房貸，但你必須要非常小心，原因在前面已經說過。當有人問到房貸，我都會告訴每個人，不要接受超過十五年固定利率的貸款，而且每個月的還款額也絕對不要超過你可支配收入的二五％，這應該要是你借錢的上限。

路克從克里夫蘭市打電話給我，告訴我有一些聽眾和讀者正在執行我跟雪倫做過的事：「頭期款比例一○○％計畫」，也就是用現金買房子。大多數的人都不認為這是辦得到的。路克就做到了。

❝ 用現金買房是有可能辦到的，非常有可能。❞

路克賺了很多錢。他二十三歲時的年收入是五萬美元，他娶了一位年收入三萬美元的年輕女孩。他的祖父曾經教導過他，千萬不要去借錢。所以路克跟他那位年輕的新娘住在

一位富太太車庫上面的一間小小公寓裡。他們每個月的房租只要兩百五十美元。他們也過著極簡的生活，並進行儲蓄。天啊，他們可真會存！他們的家庭年收入是八萬美元，連續三年，他們每年都會存到五萬美元，並用現金買了一間十五萬美元的房子。他們在路克太太二十六歲生日那天，買下了那間房子。他們忍受著別人所不能忍的生活，因此他們現在過著別人所不能及的生活。如果你的年收入是八萬美元，而且沒有任何債務要還，你很快就可以變得富有。但要記住，路克的親朋好友認為他是在自找罪受，他們嘲笑他開的車、他的生活品質，還有他的夢想。只有他的太太和祖父相信他。誰在乎其他人在想什麼？

你的年收入可能不到八萬美元，但是你一開始可能也不需要買到價值十五萬美元的房子。你的夢想可能需要花五年的時間來完成，而不是像路克那樣，用三年的時間就買到房子。

去問問任何一位八十歲的老人家，犧牲五年的時間，去換取達成自己終其一生的財務目標值不值得。去問問任何一位八十歲的老人家，犧牲五年的時間，換取改變家庭生活所帶來的滿足感值不值得。用現金買房是有可能辦到的，非常有可能。難的是，願意做出犧牲、付出代價，過上這種生活。

在我們結婚之前，道格和我都離過一次婚。作為單親父母，要支付住屋費用以及其他日常開銷的帳單是非常艱辛的負擔。每到房貸或是房租的繳費時間，我們手頭就會愈來愈緊。當時我正在努力完成大學學業，而他在前一段婚姻中欠下了很多債務要還。我有一張信用卡，是在我遇到緊急狀況（車子維修等等）時會使用的。我不認為信用卡帳單沒有全額繳納是好事，但我們結婚時，身上的債務相當龐大。

婚後不久，我們就開始進行金錢大翻身。道格每天開三十分鐘的車去上班，都會聽戴夫的廣播節目，並且相信這些小小步伐可以替我們的未來帶來財務上的平靜。我決定跟他一起進行這個計畫，因為在那當下，我們真的已經沒有什麼可失去的了。

我們不再使用信用卡之後，花費就大幅降低了！我們制訂了一份預算，它凸顯了我們之前盲目花錢的部分。我們意識到我們有很多開支都來自外食以及各種非必需的奢侈品。我們決定將任何一分多出來的錢都拿去還清卡債。接著，我們還清了我的車貸。然後，我們建立起緊急預備金，並且開始處理房貸。謝天謝

地，我們比計畫中還早了一年半就把房貸還清了！在很多人都還不理解擁有自己的房子所帶來的滿足感以及重要性的時候，我們就已經發現，這是找到財務上的平靜的最後一步，也是最大的一步。

由於我們已經還清所有債務，我們可以安心享受更多的家庭假期以及一起度過的時光。整個家庭的壓力都小了很多！當我們排除先前所有金錢相關的問題後，我發現，要讓家庭關係更緊密竟如此容易。我們依然沒有鋪張度日，也很喜歡在買東西時討價還價，而我們從無債務中所獲得的平靜，讓我們所做的小小犧牲相當值得！戴夫，謝謝你改變了我們家庭的命運。

莎賓娜（四十二歲）與
道格·豪爾頓（四十五歲）
鋁工廠技工；
零售店經理

自由的圖像

好的，這就是第六小步，債務都還清了，並開始熱愛這種生活。我們觀察到那些帶著瞪羚般緊繃感的家庭，會在他們向自己宣戰、開始走上金錢大翻身後的大約七年內還清房貸。我敢肯定，你現在可以很放心，這不是一本教人快速致

富的書。什麼樣的作者會宣揚一個需要花上七年才能完成的計畫？什麼樣的作者會採用一個光是前兩步就需要花上兩到兩年半時間的計畫？會這麼做的，是一個見證了數萬人成功的作者；這個作者也會告訴你，這一切不容易，但是很值得。

我曾經對廣播聽眾以及現場觀眾使用情緒標記的概念，當你擁有腳下的這片草地時，草的觸感也會不一樣。當你把房貸還清時，舉辦一場赤腳的派對吧，以慶祝擊垮房貸，邀請你的親朋好友和鄰居們來參加。或許他們在看到你的金錢大翻身之後會被激勵，也想修正錯誤，加入翻身的行列。

如果你到過我的辦公室，就會發現會議室旁有很多經歷過金錢大翻身之人的紀念物。那裡展示了許多剪掉的信用卡，都是那些**願意**忍人所不能忍，之後過上人所不能及生活的人寄來給我的；其中一件最值得紀念的展品，是一封裱框的信和一個夾鏈袋。這兩件物品是我在肯塔基州路易斯維爾的一家購物中心舉辦廣播見面會以及簽書會時，艾莉西雅，或者說「艾兒」，她比較喜歡人家這樣稱呼她，親自走上前交給我的。

笨蛋數學以及愚蠢稅

上網終於帶來了回報

每年都有數億美元的獎學金合法發放，且無關於學術表現或體

育成就。讓你準備要念大學的孩子去搜尋可申請的獎學金項目，最終可能獲得足以支付數千元（甚至數萬元）大學學費的獎學金。這難道不值得放棄每週幾個小時的電視、聊天室、或是玩 Switch 的時間？

根據她信件的內容，艾兒的故事雖然平凡卻不平庸。她與先生是在二十五歲時開始進行金錢大翻身。他們收聽我的廣播節目，並認為他們已經受夠了。他們剛開始的時候，有著兩萬美元的學生貸款、一萬美元的車貸、三千美元的卡債、以及八萬五千美元的房貸；總共是十一萬八千美元的龐大債務。以七萬美元的家庭年收入，他們在六年內把所有帳單上的紅字都消除了。年僅三十一歲的艾兒帶著笑容站在我面前，她是一個沒有債務束縛的自由女人。她也為我帶來了我最喜歡的禮物之一。一封信以及一個夾鏈袋。夾鏈袋裡是什麼呢？她家後院的草皮，她說，「現在房貸都還清了，而且我們**沒有任何債務**，我現在赤腳走在後院的草地上時，踩起來的觸感真的不一樣了！」

我問她，債務都還清了，之後打算要做些什麼。她的回答很有趣。她說她和先生要去吃頓晚餐慶祝一下。在餐桌上他們要做兩件事：第一，把菜單從左到右全部看一遍，因為現在錢不是問題了。第二，他們想要花超過一期車貸還款額的錢來吃這頓慶祝大餐！看吧，如果你願意忍人所不能忍，

之後就能過上人所不能及的生活。

　　接著，艾兒說她和先生要直接邁向最後一小步，並且要去捐款，而金額將會比過去他們想像自己所能付出的還要多更多。在三十一歲的年紀，這對夫妻註定變得富有。艾兒，恭喜了！妳和妳先生是金錢大翻身最貨真價實的例子。

【附錄 1】

🕐 如何算出新的還款額

每 1,000 美元的貸款，每月的還款額

利率	15 年期	30 年期
4.5%	7.65	5.07
5.0%	7.91	5.37
5.5%	8.17	5.68
6.0%	8.44	6.00
6.5%	8.71	6.32
7.0%	8.99	6.66
7.5%	9.28	7.00
8.0%	9.56	7.34
8.5%	9.85	7.69
9.0%	10.15	8.05
9.5%	10.44	8.41
10.0%	10.75	8.78
10.5%	11.05	9.15
11.0%	11.37	9.52
11.5%	11.68	9.90
12.0%	12.00	10.29

_____ /1,000 = _____ × _____ = _____

售價 /1,000 =　　　　　× 係數　　　　　= 每月還款額

範例：售價是 $150,000，15 年期，利率 6%

150,000/1,000 ＝ 150× 8.44（看看你的利率以及貸款年分）

＝每月還款額 1,266 美元

【附錄 2】

🦅 我應該要重新貸款嗎?

目前本金以及利息還款額(沒有稅金以及保險) ＿＿＿＿＿＿＿

新的利率以及利息還款額(減項) ＿＿＿＿＿＿＿

相當於每月省下的錢 ＿＿＿＿＿＿＿

＿＿＿＿＿＿ / ＿＿＿＿＿＿ = ＿＿＿＿＿＿＿＿＿

過戶費總額除以省下的金額 = 打平所需月數

範例:把 **150,000** 美元的房貸拿去重新貸款

目前還款額 **1,434** 美元－新的還款額 **1,307** 美元 = 省下 **127** 美元

過戶費總額 **2,300** 美元除以 **127** 美元 = **18** 個月

你住在這棟房子的時間會超過打平所需要的時間嗎?如果是的話,那你可以考慮重新貸款。

過戶費預估表

貸款額度	過戶費	貸款額度	過戶費
30,000	1,500	75,000	1,850
35,000	1,550	80,000	1,900
40,000	1,600	85,000	1,925
45,000	1,650	90,000	1,950
50,000	1,700	95,000	1,975
55,000	1,725	100,000	2,000
60,000	1,775	150,000	2,300
65,000	1,800	200,000	2,600
70,000	1,825	250,000	2,900

第十二章

瘋狂地累積財富：成為阿諾‧史瓦「金」格，金錢的宇宙先生

你已經走到了這個完美的數字：第七小步。來到金錢大翻身的最後一步，你已經是排名前二％的人了。你完全沒有債務——沒有房貸、沒有車貸，沒有被萬事達卡掌控，美國運通卡離開了你的生活，沒有學生貸款，你是自由的了。你每個月都按照取得伴侶共識的（如果已婚的話）書面計畫過生活。如果你有小孩，他們將會是不用背學貸的學生。你曾經忍人所不能忍，所以現在可以過上人所不能及的生活。透過汗水和犧牲，你已經重拾對生活的掌控權，擁有打造財富最強而有力的工具——收入。

嬰兒般的第七小步：
累積財富

當初進行金錢大翻身的目的是什麼？為什麼你要這麼做？為什麼要做出這麼多的犧牲和努力？為什麼你想要擁有財富？如果你認為財富會回答這些人生的問題，讓你從今而後無煩無憂，那你就打錯了算盤了。我的人生中曾經兩度擁

有財富，我並沒有因此從人生的種種問題中獲得解脫；事實上，很多問題皆與此無關；財富不是一個逃避機制，而是一個重大的責任。所以，當你花了四十年的時間擁有了一千八百萬美元，你會做什麼呢？

> **❝ 財富不是一個逃避機制，而是一個重大的責任。❞**

經過多年在各地針對這個主題進行研究、教學、甚至宣教，我只能找到三種使用金錢的好方法。**花錢享受、用錢投資和捐獻**。其他大多數你找到的可以用錢解決的事，大都無法代表你心靈和精神上的健康。所以，假使有一天，你有了一千八百萬美元，這三件事你都應該要去做。事實上，當你在努力一步步走向財務自由的同時，也應該去做這三件事。你已經把體重減下來、擁有健康的心血管系統，也增加了肌肉量，因為你已經擺脫債務、存到緊急預備金，為退休和大學基金做了長期投資計畫。處於金錢大翻身這個階段的你，已經是阿諾·史瓦「金」格了，也就是金錢的宇宙先生（健美比賽冠軍的稱號）。我們打造財務上的完美體態是有原因的：**為了享受、為了投資、為了捐獻**。

沒錯，我們要去享受

我們內在的小孩很喜歡這個等式中「**享受**」的部分，有鑒於他長時間以來的表現都很棒，我們也承諾過如果他很乖，就會獎賞他冰淇淋，所以，他理當吃到那份冰淇淋。一個人應該戴價值三萬美元的手表嗎？一個人應該要開價值五萬美元的新車嗎？一個人應該要住價值七十萬美元的房子嗎？當然，他們可以這麼做。人們的問題在於，他們會在自己無法負擔這些金錢的時候，去購買這些東西。

第三章在講金錢迷思，我們談到了新車是多糟糕的投資標的。它們貶值得非常快。因為新車是我們所購買的最大型、最會貶值的物件，車貸通常會是房貸以外，我們需要償還的最大一筆款項。我在金錢大翻身中所協助過的人裡，大約有七○％的人得做出賣掉車子的艱難決定，才能從巨額的車貸中解放出來。如果他們不將自己從這筆巨額債務以及龐大的還款額中解放，就會發現，要繼續順著這些小小的步伐往上爬，會是非常困難且難以為繼的。有些時候，我的廣播節目會變成「把車賣了吧」的節目，我對於很多問題的回答都是：「把車賣了」、「不要買那部新車」，這些會是你最常從我這裡聽到的建議，頻率高到連在睡夢中，我都會聽見自己在說這幾句話。

笨蛋數學以及愚蠢稅

家是甜蜜的負擔

想要借十萬美元做投資嗎？借款利率是八％的話，你會需要支付八千美元的利息。如果你把這筆借來的十萬美元拿去投資，並且賺到了一二％的報酬，就會賺得四千美元的淨利。真的是這樣嗎？扣掉稅金後，你的淨利可能只剩四百到一千六百美元，同時，還把你的房子放進巨大的財務風險當中。

有時候，打電話進來的人會問，他在進行金錢大翻身時可不可以購物。有時候，新的聽眾會陷入購買荒謬至極物品的陷阱。剛開始，我會很樂意向他解釋他現在不能做這些事：「緊急預備金比起皮製沙發更重要。」我在做節目的時候，面前會有一部電腦，負責過濾電話的人員會透過電腦告訴我，線上有誰在等待、以及他們為什麼打電話進來。不久前，我低頭看了一眼螢幕，發現麥可在線上等著要跟我說話。紙條上註記他想買一部哈雷重機。哈雷是等級很高的摩托車，可不是窮人的玩意兒，一部頂級的哈雷要價超過兩萬美元。我預先判斷麥可現年二十八歲，有兩部還在付貸款的車子，兩個孩子，一個妻子，沒有半點存款。我以為麥可是會把自己小男孩的夢想放在家庭利益之前的人。我已經蓄勢待發要回答他的問題。我不只準備好要告訴他不要買哈雷機車，還要叫他徹底改變自己看待財務的方式。

我猜測麥可的年收入可能是四萬八千美元且口袋空空，顯然，他沒有資格去買一樣價值兩萬美元的玩具。「戴夫，我一直都夢想著要擁有一部哈雷機車，」麥可開始說，「我打進來只是想知道我應不應該買，以及我有沒有辦法負擔。」接下來的幾分鐘，我客套說著哈雷機車有多棒，有多少男人都夢想要有一部。我通常會稍微詢問一下來電者的財務狀況，好做出合理的判斷，所以我問了麥可去年年收入是多少。他回答：「六十五萬美元。」「好的，那你過去五年的平均收入呢？」我問道，暗自猜想他可能中了樂透。他的回答是，「每年平均大概五十五萬美元。」他讓我無話可說了。「那你花多少錢在投資上？」我進一步問。「大約兩百萬美金。」這是他的最後一擊；而我的建議則是：「老兄，去買一部哈雷機車吧！」麥可負擔得起要價兩萬美元的玩具嗎？當然可以。當購買這項物品的金額只耗費了他財富的一％，跟大多數人購買快樂兒童餐差不多，這種狀況下，他花錢享受他渴望的東西，在道德上有錯嗎？沒有。這筆購物花費，在財務上或是道德上絕對都沒有問題。那個男人替自己賺到了哈雷機車，甚至還不只一部。

❝ 享受一下吧！❞

　　我告訴你麥可的故事，是為了確保你理解進行金錢大翻

身的其中一個理由，即建立起財富，讓你可以享受。所以享受一下吧！帶你的家人，甚至連遠親也一起帶上，帶他們去坐一趟為期七天的郵輪之旅吧！當你坐擁數百萬美金，買顆大鑽石或一部新車都是你負擔得起的。你有能力負擔，表示當你做這些事情的時候，你的財務狀況絲毫不會受到影響。如果你喜歡旅行，就去旅行。如果你喜歡衣服，就去買衣服。我釋放你，因為錢就是要用來享受的。這種不帶有罪惡感的享受，是你進行金錢大翻身的三個理由之一。

投資是讓我們一直贏下去的方法

我們內心的成年人喜歡用錢做**投資**，因為這是讓我們致富的原因。此外，不斷增長的金錢，也是在金錢大翻身持續保持得分的方法之一。在電影《貼身情人》裡，休·葛蘭所飾演的角色喬治·韋德，是個非常有錢又被寵壞的老闆。我們不會想要像他一樣，但他在電影裡有一句關於財富的經典台詞。他對珊卓·布拉克所飾演的角色表示他以這家奢華飯店為家，然後若無其事地繼續說，「其實，這家飯店是我的；我的人生有點像在玩大富翁。」

做投資一陣子之後，可能就會是那樣的感覺──「有點像在玩大富翁」。你在玩大富翁的時候，可能會超前也可能會落後。市場會波動，但作為成熟的投資者會順勢而為，並長期堅持。我有時候會遇到一些走到了這一步卻感到恐慌的

人，因為當他們年屆退休時，他們的投資卻在走下坡。不要怕；如果你的投資標的本質優良，長期紀錄良好，就會賺回來。此外，你不需要一次性將整筆錢投在退休計畫上；你只需要它所帶來的一些被動收入。因此，既然你不是立即需要全部的錢，那麼，當市場掉到谷底時將所有投資都變現，是很傻的做法。「高買低賣」可不是打造財富的公式。在依靠退休金所帶來的收入過生活的同時，對市場要有耐心。

驚人的數據

二○○二年聲請破產的人當中，一九％是大學生。

　　你可以變得稍微精明些，但是，在你的財產超過一千萬美元之前，我會希望你的投資保持單純。透過進行複雜的投資，你可能會因一大堆不必要的壓力使得生活充滿混亂。我使用單純的共同基金以及零債務的房地產作為我的投資組合——乾淨、單純，具有一些基本稅務優惠的投資。當你走到這一小步，如果你擁有一些已付清款項的房地產，那會很棒。

> **❝ 永遠要去管理你的金錢。❞**

　　永遠要去管理你的金錢。你應該要讓自己身邊擁有一支

比自己聰明的團隊，但是做決定的還是你自己。你可以看出他們有沒有用你可以理解的方式說明複雜的問題，以此來辨別他們是不是比你聰明。如果團隊中有名成員希望你去做某件事的理由是「按我說的去做就對了」，那你就該換掉這名成員。你不是在僱用一個老爸；你是在徵詢顧問。上帝並沒有把這筆錢的責任加諸在他們身上，這項責任是交付在你手上。名人和職業運動員經常失去所有財產，因為他們放棄了管理自己金錢的責任。虧光你來之不易的金錢的財務管理師，並不會像你一樣活在後悔和痛苦當中。聖經有言：「謀士多，人就安居」（箴言十一章十四節）。一位優秀的資產規劃律師、一名合格的會計師或是稅務專家、一個保險專家、一名投資專家、再加上一位好的房地產規劃師，是你應該召募在身邊的重要團隊成員。我會建議僱用財務規劃師的先決條件是，他們必須是團隊成員之一，而非團隊唯一成員和領導者。

在選擇你的財富團隊並與其合作時，應該只允許那些具教師精神的人入隊，而非業務或者「專家」型的人，這點很重要。業務總是在追著佣金跑，看的都是短期，而專家無可避免地會居高臨下，這挺諷刺的，因為他們擁有的財富可能還沒你多。還有，在聽取建議時，要評估給出建議的人是否會從中獲益。如果你的保險專家每週都提出新的的保險方案，這可能就有問題了。並不是說每個拿你佣金的人都只是

為了賺你的錢，有許多收取佣金的財務人士行事都非常正直。但還是要留意一下可能的利益衝突。

身為一名學校教師薪資並不高。我的年收入不到四萬美元，有一個養子，對我們財務上的未來毫無規劃，我知道我們得要有所改變了。我們在教會聽說了戴夫‧拉姆齊的計畫，並深受啟發，因此，我們設定了一個目標，要在五年內付清五萬美元的房貸。我們知道為了要進行金錢大翻身，度假和新奇的玩具都得出局，我們需要大幅縮減預算。然而，我們對於抵達終點線時會有的成果感到相當興奮。

我開始了一些副業，增加了大約一萬五千美元的收入，用在我們的還款上。你可能會以為有了這些額外的收入，要在五年內付清五萬美元的房貸應該輕而易舉吧，但是我們有更優先的計畫，我們打算收養一名來自中國的小女孩；收養費用大約一萬七千美元，然而，就在我們以為自己無法生育的時候……來了意外的驚喜！我們的醫療險並未給付生產費用，因此，我們要付的款項又多了五千美元。

家庭成員增加的同時，我們也更加堅定地要擺脫房屋貸款。讚美主！我們在四年內就還完了！比目標整整提前一年。這就證明了，如果我們做得到，其他人也都辦得到。

現在，我們已抵達終點線的另一邊，簡直好到無以復加。知道金錢不能控制我們是一種很平靜的感受。儘管我仍然是一名老師，我的太太專職在家陪小孩……現在，我們可以去度假也可以購買新奇的玩具了。而且，我們還從中國收養了另一個女孩，我們是靠著一份教師薪水過日子的四口之家。我們還有餘力可捐助一些關注中國孤兒問題的組織。

我們的捐款金額比以前都多；積蓄也比從前多；而且，最重要的是，我們的生活比以前都更接近上帝的想望。

基斯（四十歲）與

凱倫・麥金提（四十二歲）

數學老師；

家庭主婦

在建立財富的第七小步中間，還有一個子項目是另外一個里程碑。致富的第二個里程碑就是「巔峰點」。

我成長於田納西州市郊，習慣面向群山騎腳踏車。對於一個只有一台單速腳踏車的七歲小男孩來說，一座大型的山丘看起來就像是聖母峰一樣。我不知道在歷史上是哪個小孩率先做到的，但是小孩騎腳踏車爬坡的技巧就那樣代代相傳了下來：走「之」字形。我們不是踩著踏板奮力筆直往上，而是騎著「之」字形行進，左右移動而上，一次一小步地登上我們的田納西山。當我們往上爬的同時，腳踏車輪輻上那些不受歡迎的球員棒球卡會發出緩慢的咔嚓、咔嚓、咔嚓聲。炎熱的天氣彷彿是一座烤箱，汗如雨下。這是一個七歲男孩用盡全身上下每一寸肌肉推進的時刻。你臉上的緊繃和決心，猶如去年萬聖節的恐怖面具。你耗盡手臂肌肉的力量拉動把手，再一次用雙腿踩動踏板。踩、踩、呼吸、呼、吸──直到終於到達山頂為止。

那山頂有什麼呢？那些憤世嫉俗的人只會說：「又一座山要爬。」而心中還住著小孩的那些人都知道山頂有些什麼。那些有能力做夢、有能力相信、並且有能力盼望的人，會知道山頂有些什麼。那些努力登上高得令人難以置信的山丘的人，會知道在那個田納西的夏日裡，我在山頂找到了什麼。我找到了那個完美時刻。

在翻過那座高大的山丘，開始下坡路之前，最後一次用

力踩踏板的那個完美時刻。那個在你流了那麼多汗、那麼辛苦、備受煎熬之後，那個關鍵階段的完美時刻，一抹笑容會在你臉上綻放。在你光榮登頂前的那一刻，就是「巔峰點」。

" 下山的路程確實是榮耀的。"

　　下山的路程**確實是**榮耀的。風吹過你的髮梢，你的腳不再踩在踏板上，而是在車把手上。棒球卡的咔噠聲變成一大群蟋蟀的唱鳴。你開始享受這趟騎乘的成果，滑行就是你辛勞的獎賞。陽光灑在你身上、微風輕撫你的耳畔，喃喃著：「你是贏家，你做到了！你爬上那座山了，你沒有放棄，你付出代價取得勝利了！」這一刻，壓力、汗水以及反反覆覆失敗的記憶都已逐漸逝去。你靈魂深處的那抹微笑正代表了**「成就」**。

　　如果你覺得我有些過於戲劇化了，是因為如果不使用一些情緒性的詞彙，很難形容出抵達巔峰點的感受。這一小步會將我們帶到一個境界，一個你的錢工作得比你賣力的「巔峰點」。

　　這裡並不是說一旦你到達這個地方，就可以撒手不用管了，而是金錢會開始自己滾動，你只管一路滑行下山就行。財富自己會找到方向，向你走來。

　　當你的錢開始賺得比你多的時候，你就正式變富有了。

當你可以舒舒服服地靠著投資收益度日，你就擁有財務自由。錢是很努力的員工，比你還努力。錢不會生病、也不會有身心障礙問題。一天二十四小時、一週七天，錢都在工作。而且它需要的只是一些方向和一名堅定的主人。

> **當你的錢開始賺得比你多的時候，你就正式變富有了。**

當你可以靠著退休儲備金的八％收益過日子的時候，就等同抵達了你的巔峰點。快去將你的退休儲備金乘以八％看看，如果你可以靠這個數字過日子，或者那個數字超過你自己的收入，那你就是在滑行下山了。恭喜你！你的錢賺得比你還多了！用這種方式計算之後，你會發現自己離財務自由的重大里程碑有多麼近。你將能夠計算出你到達巔峰點所需要的退休儲備金是多少，然後，把所有你能動用的收入全部拿來算算看，你需要幾年的時間才能爬到山頂。相信我，在那之後都是下坡，享受這趟旅程吧。

捐贈是所有努力的最大收穫

當你學會最後一種用錢的方式——**捐贈**，我們心中最成熟的那個部分就會遇見我們內在的小孩。捐贈可能是你最有樂趣的一種花錢方式。**享受**很棒，但你最終會厭倦高爾夫和

旅遊，而如果你龍蝦吃得夠多，就會開始覺得吃起來平淡無奇；**投資**很棒，但是繞著大富翁的遊戲轉來轉去，終究會失去吸引力——尤其是在你達到巔峰點之後。我遇見過的每一個在精神上和靈魂上慷慨的人，都會因為捐贈而興奮不已，只要不影響自己的生活就行。在見過數以千計的百萬富翁之後，我可以向你保證，所有心胸寬大的人都有一個特質，就是熱愛**捐贈**。

唯有強者能幫助弱者，在金錢方面亦是如此。如果你想要幫助別人，很多時候，沒錢是做不到的。聖經指出，純粹的信仰實則是在幫助貧窮之人，而不是從理論上解釋他們為什麼貧窮（請見雅各書一章二十七節）。柴契爾夫人曾說：「如果這位好心的撒馬利亞人[1]光有好意的話，沒有人會記得他；除了好意，他還有錢。」那位仁慈的撒馬利亞人有顆善良的心，錢包也夠厚，可以拿錢出來支付旅店老闆幫忙照顧傷者。這個故事裡有金錢的成分，金錢在那天發揮了最大的價值；金錢賦予善意力量。這就是為什麼我會毫不羞愧地贊成追逐財富。

---

1. 譯者註：基督教典故之一，意指仗義且願意出手相助他人之人。

父親在我五歲時離世，所以在我生命的大部分時間裡，只有我、兩個姐姐和我母親一起度過。我母親盡了她最大的努力，但我從來沒有一個真正可以與其討論財務問題的人。所以我最終因為買了一堆愚蠢的東西而深陷債務危機。

結婚生了一個女兒之後，太太和我做出了決定，我們需要擺脫債務並開始為我們的未來儲蓄。我們原本都按各自的方式處理金錢，因此花了一點時間才制訂好共同計畫。最後，我們達成共識，決定一勞永逸地擺脫債務！

我們還清了五萬美元，卻因為信用卡上沒有新增的消費，我們的信用積分被評降，但我們不在乎——我們再也不會崇拜那個偉大的信用積分了！我們把信用卡都剪了，放了一萬美元在緊急預備金項目裡，現在除了房貸以外，我們已經把債務都償清了！

我們目前的財務狀況很好，在我們感到被召喚時，有錢可以去捐贈給他人。去年，我們女兒的朋友在學期開始前失去了父親，她的母親也暫時失能，幾乎沒有什麼收入，使得她念私立學校的學費變成一筆龐大

的負擔。我知道失去雙親的痛苦，所以我不希望女兒的朋友在面對失去父親的傷痛之際，還得面對轉學所帶來的創傷。所以太太和我決定挺身而出，幫那位女孩把當年的學費付清。那個女孩因此得以在人生最困難的一段時間，待在熟悉的朋友身邊，有能力幫助別人的我們是受到祝福的。

購物的感覺很好，但能捐贈他人永遠都會讓你感覺更棒。我們很感恩上帝教會了我們如何處理我們的金錢，因為現在，我們能夠有辦法在財務上給予他人祝福。世界上所有的「東西」都無法比擬幫助需要的人所帶來的感覺。

> 榮恩（四十四歲）與
> 特瑞莎・布爾（四十六歲）
> 業務員；
> 兒童診所職員

放開手吧

令人遺憾的是，我遇到一些人會試圖避開第三種金錢用途，以為這樣他們就會保有更多。艾瑞克・巴特沃思（Eric Butterworth）講述過一個有趣的系統，用以捕捉叢林中的猴子。獵猴人會使用厚重的玻璃長頸瓶，並在每支瓶子裡裝填

味道香甜的堅果。堅果的香味會吸引猴子來到瓶子旁，當猴子將手伸進瓶子裡取堅果時，因為瓶頸太細，握著拳頭的手無法伸出來。猴子如果不放棄堅果，手就會卡住收不回來，不願意放手的猴子因為瓶子太重，也無法連瓶子一併帶走，所以猴子就會被困住，而這狀況，不僅發生在猴子身上，有多少次，僅僅是因為貪婪，我們就失去了自由？

我們大多數人或多或少都曾經贈予他人一些東西，我看過很多人致富後，發生了一些有趣的事情。等你完成金錢大翻身，就可以做一些大事。我有一個朋友，每年都會買七十五台全新的腳踏車給城區內的牧師。他會在聖誕節取得這些腳踏車，並與一個瞭解當地各個家庭的傳教士團體合作，將這些腳踏車一一分送給住在補助計畫住宅的孩子們。這些區域通常都被毒品浸染、充斥犯罪，但是一年中有這麼一天，這些孩子會看到一個不求回報的人。

我的另外一位牧師朋友參與了一項計畫，這項計畫名為「良善的種子」。他教會裡有一位匿名教友捐贈了五萬美金給教會，讓教友們將這筆錢以每次一百美金的方式再捐贈出去。教友們不能改以禮品捐贈，也不能收取回報，捐贈這筆錢的時候，也要盡可能地親自面對面捐贈。這一張張的百元美鈔被送到了城市的各個角落，並帶來了絕妙的結果。那些曾經徹底對上帝及人性失去信心之人，被這份一百美元的單純禮物給撼動了。從成員的回饋來看，比起收到禮物的人，

贈予之人更為快樂。

神祕的聖誕老人

我們都看過這些關於贈予的案例。《今日美國報》追蹤了一個自稱神祕聖誕老人的男子數年。神祕聖誕老人會在聖誕節上街，送出一張張百元美鈔，不期待也不收取任何回報。有時候他會贈予需要幫助的人，有時候就只是隨手贈送這些鈔票。他每年都會送出約兩萬五千美元的百元美鈔。他多年前在自己的故鄉堪薩斯市發起這項傳統，並將它帶到了美國各地。他在九一一事件後，前往紐約發送；在槍擊案後，則到維吉尼亞洲／華盛頓特區發送。他就只是邊走邊發送百元美鈔。他會收到一些美妙的回應，並聽到一些精彩的故事。

一九七一年冬末，他當時是一名業務員，當他的公司破產時，聖誕老人發現自己也破產了。當他走進迪西快餐店時，他已經在自己的車裡睡了八天，並整整兩天沒吃東西了。他點了一份豐盛的早餐飽食一頓。他等著顧客都散去，然後裝作丟了錢包。快餐店的老闆兼廚師湯姆·霍恩（Tom Horn）走到聖誕老人坐的凳子附近，撿起一張二十美元的鈔票說，「小伙子，這是你掉的吧。」聖誕老人很快意識到那張鈔票是湯姆放的，好讓他保有尊嚴地解決眼前的困境。當他駕車離開時，嘴裡說著：「感謝祢，上帝。因為那位男士，

我保證，如果有朝一日我有錢了，我也會這麼做。」

一九九九年，聖誕老人已經是一位成功的生意人了，他找到了當時八十五歲，居住在密西西比州圖珀洛市的湯姆‧霍恩。聖誕老人站在湯姆家的門廊下，戴著聖誕老人的帽子，述說著一九七一年那名飢餓年輕人的故事。他問湯姆認為那張二十美元鈔票現在價值多少錢。湯姆笑著回答：「大概一萬美元吧。」聖誕老人緊接著遞給湯姆一個信封，裡面裝著一萬美元的現鈔。當然，湯姆試著把錢還給他，但最後聖誕老人贏了。於是湯姆把錢存進了銀行，他說他可能會需要這筆錢來照顧罹患阿茲海默症的妻子。

湯姆提起這位神祕聖誕老人時是這麼說的：「他不是想要因為他的所作所為獲得任何感謝或稱讚，他是發自內心的善意。」在幾個聖誕節發送錢給許多人後，聖誕老人說：「拉別人一把，看著他們臉上的笑容，不是很享受的一件事嗎？」我懂為什麼這位聖誕老人要將自己所有的贈予他人。他之所以捐贈，是因為這是他花錢可以得到的最大樂趣。你一定要體驗之後才會知道那種感覺。

幾年前，這名位神祕聖誕老人的身分被揭露了。他的名字是賴瑞‧史都華（Larry Stewart），來自堪薩斯市。賴瑞之所以披露自己的身分，是因為在分送出超過一百三十萬美元後，他被診斷出罹患癌症。賴瑞的心願是，我們都能夠把神祕聖誕老人的傳統繼續延續下去。把愛傳出去！

三件事都要去做

　　錢只有三種用途：**享受**、**投資**以及**捐贈**。在你做到這三件事之前，不能宣稱自己已經完成金錢大翻身了。你不是非得買一部哈雷機車、投資好幾百萬美元，或是捐獻兩萬五千美元，但是你每一項要可以量力而為。就像我前面所說的，在你一步步向上走的過程中，也應該開始去做這些事。即便只是付出你的時間去幫忙分盛熱湯給遊民，你應該從第一小步時就開始去做。享受也是一樣，雖然一開始只能是平價的享受；在一步一步往上走的同時，享受的檔次也會跟著愈來愈高。投資，想當然耳，是從第四小步開始的（把你收入的一五％投資到退休金上）。除非這三件事都做到了，否則就不算是徹底運用並完全享受到了你的金錢。

　　請再用力踩一次踏板吧。如果有需要，就用「之」字形的方式前進；沒有失敗這個選項。踩、用力踩！我、以及數以萬計在金錢大翻身中走到巔峰點的人向你保證，在山丘頂端等著的，是光榮的下坡路。跟我們一起上路吧！

在怪異的表現被視為很酷之前，我就已經很怪了。我在十七歲時開始存錢，準備要買第一間房子，然後，在我二十三歲的時候，付了一半的房價作為頭期款。相反地，太太和我的情況略有不同。我們結婚時，她有十三張信用卡卡債以及車貸，加起來總共是三萬美元。我知道對於新婚夫妻來說，這不是個好處境，所以我們雙方同意把債務還清。

　　即便是在太太心不甘情不願的情況下，我們還是開始努力要把消費性債務以及新房子的九萬五千美元房貸還清。我就是在那個時候發現了《躺著就有錢的自由人生》，並決定要認真地執行。因此，我利用一些我本來就有的工具，開始了草皮養護的兼職工作，我岳母並讓我使用她的除草機，只要我每週六負責幫她割草就行。我們開始快速地還清債務。

　　太太的夢想是在家照顧孩子當全職媽媽。隨著草皮養護的生意蒸蒸日上，再加上一份相當緊縮的預算，我們在十個月內就將消費性債務還清了，當我們決定要有小孩時，她也能夠真正做到她想做的全職媽媽。有很長一段時間，我們幾乎將每一分錢都拿去還房貸，而今天，我們可以驕傲地高喊：「我們無債一身輕了！」

　　再也不見因金錢而起的爭執。如果有東西壞了，

我們可以儘管拿去修理或換新，這甚至連問題都算不上。我有很多時間可以跟家人相處，而且我知道我們的未來一片光明，那是我們做出犧牲所換來的。

在房貸還清後不久，我們踏出了第七小步，我告訴你喔……捐錢的感覺棒透了，而且當你沒有任何債務時，這做起來很容易。我們的傳統退休金和退休帳戶裡的錢都很充足，還有我們兩個兒子的大學基金也是。投資就是其中的關鍵！你現在就必須去做，因為時間是不會重來的。在以後的人生中，你會很慶幸自己當初這麼做了。現在，我們可以隨心所欲地退休、並以我們想要的方式過退休生活。今天，我們擁有超過十萬美元的退休金，九萬美元的存款，我們的房子價值四十五萬美元，我們的兩部新車都是以現金購買。所以，我選擇用來象徵社經地位的就是還清的房貸以及車道上的那部寶馬。

> 路克（三十六歲）與
> 蘿拉・洛基塔（三十四歲）
> 資深系統分析師；
> 家管

第十三章
過著人所不能及的生活

剛開始讀這本書時，你在財務上可說是走樣得非常嚴重，急需一名個人教練。在這些書頁當中，你看到了成千上萬個平凡人如何在財務上變得精實。這本書談的就是擺脫債務，走向財富。但是，按照金錢大翻身計畫執行有個問題。這個問題很簡單，就是它是一份「實證有效的計畫」。如果你跟著這套系統走，就**會有效**，可以讓你在接下來的二十到四十年間致富。致富的問題在於，你有可能會在財富中迷失。我們很容易就會崇拜金錢，尤其是在我們有了點錢的時候。

錯誤的安「錢」感

根據箴言十章十五節，富有之人的財富可能會成為困住他的城牆。在聖經的時代，城市周圍的高牆是抵禦外侮的屏障。如果你從財富中得到的是看待財富的錯誤方式，那麼財富就會摧毀你的平靜。如果你因為有了錢，憑著自己的財富產生了自認很了不起的想法，你就沒抓到金錢大翻身的精髓。被物質掌控的有錢人，並不比背負債務的人自由。安端·

希瓦洛利（Antoine Rivaroli）曾說：「有一種人，從財富中只獲得了害怕失去財富的恐懼。」

　　你也讀了這麼多、也跟我學了建立財富的系統，你可能以為我相信物質是幸福的答案。那你就錯了，因為我知道並非如此。相反地，我認為坐擁龐大財富的確會帶來精神上的危險。危險就在於老派的物質主義。作家蘭迪・奧爾康（Randy Alcorn）在他的大作《金錢、財產與永恆》一書中，用探索的角度檢視物質主義。蘭迪談到了發生在美國的一種瘋狂疾病：富裕病，富裕病會感染某些富人以及他們的孩子。他們會在消費中尋求幸福、慰藉和滿足，因此會面臨一個問題；即試圖用物質來達成一些非物質才能達成的目的，他們於是感到空虛，最終變得憂鬱甚至出現自殺傾向。他們反映了汽車保險桿上的智慧小語：「那些帶著最多玩具死的人，依然是個死人。」物質很棒；擁有充裕的物質，但不要讓對物質的追求成為你所信仰的神。

　　我太太和我很擔心，我們的財富對於孩子來說變成一種詛咒而非祝福。所以我們在工作、儲蓄、捐獻以及花錢這些議題上，對孩子非常嚴格。我們對他們的期望很高，而且從他們很小的時候就開始灌輸正確的金錢觀念，我們對於孩子的人格感到相當自豪。和他們的父母一樣，他們並不完美，但是他們做得很好。當我其中一個小孩在青春時期跟我抱怨說：「你知道當戴夫・拉姆齊的小孩有多難嗎？爸爸，你對

我們太苛刻了。我們得要自己買車、自己管理支票簿。你沒有給我們任何喘息的空間。」我的回應是，我們之所以對他們如此嚴苛，是因為總有一天，他們會繼承我們的財富，而那份財富要嘛會毀了他們的人生，要嘛就會成為造福他人的工具。

唯有能夠理解財富並非人生的解答時，孩子和我才能從金錢大翻身中得到好結果。我們還必須進一步認知到財富很棒，但是隨之而來的責任也很巨大。

" 財富並非人生的解答。"

另一個關於財富的矛盾之處在於，財富會讓你顯露出本性。如果你是個混帳，然後你致富了，你就會變成混帳中的混帳；如果你很慷慨，然後你致富了，你就會變成最慷慨的人。

錢不是萬惡之源，對錢盲目的喜愛才是

某些政治和宗教團體認為財富是邪惡的，這讓身為基督徒的我感到相當驚訝。許多聖經信仰裡、世界歷史上、和我們國家的英雄都非常富有，包括大衛王、索羅門、約伯和大多數的開國功勳皆是。還有一種負面的心態，認為金錢是庸俗的，這種心態令人相當惱火。財富並不邪惡，世界上有富

有的混帳也有貧窮的混帳。達拉斯・威拉德（Dallas Willard）在他的著作《紀律的精神》中說道，**使用**財富就是消耗財富；**相信**財富就是仰賴財富提供它本身無法提供的東西；但是擁有財富，則是擁有決定怎麼使用或是不使用財富的權力。

> " 擁有財富，則是擁有決定怎麼使用或是不使用財富的權力。 "

為了給你希望

我想，你現在可以很清楚看出《躺著就有錢的自由人生》不只是關於金錢議題的討論這本書會引導你去面對鏡子裡的那個人。面對鏡中之人，會迫使我們去面對生活中的情緒、人際關係、身體、甚至靈性等各個面向。我認識的那些感到滿足的有錢人，不只是進行了一場金錢大翻身，更是一場生活大翻身。因為個人財務八○％取決於行為、二○％取決於知識，在這個過程中，你要不就是徹底改變你的人生，不然就是走回頭路。我在最後章節變得非常靈性，因為靈性是行為中的一個面向。我看到很多圓融且成熟的人，在把金錢的問題清理乾淨後，都成為了上帝為他們預備的模樣。

當你從書中走出來時伴隨著希望，這是我的期待。希望你能如同我書裡的那些人一樣；希望你能把金錢上的麻煩變成金錢上的勝利；希望你能有尊嚴地退休；希望你能改變家

庭命運，透過建立財富，留下遺產；希望你可以用一種前所未有的方式捐贈金錢。現在，是時候讓自己具備瞪羚般的緊繃感了，放下書本，去實踐這些原則吧。這些全都是由來已久，行之有效的原則。數以萬計與你我一樣的普通人，都用這套計畫還清了債務，甚至成功致富。這不是魔法，而是常識。讓人興奮的是，誰都可以做得到——任何人都可以。你會是下一個成功的人嗎？我希望如此。

> **❝ 是時候讓自己具備瞪羚般的緊繃感了。❞**

見見金錢大翻身挑戰的贏家

　　《躺著就有錢的自由人生》甫上市時，我們舉辦了一場競賽，看看誰的財務狀況能在六個月內獲得最大的轉變。數百位讀者寄來了成果紀錄，我很榮幸地拜讀了你們精彩絕倫的成功故事。我想要帶你們所有人去巴哈馬度假，遺憾的是，這場比賽終究只能有十名進入決賽。我們在巴哈馬的亞特蘭提斯度假村頒發了五萬美元的大獎給一個家庭——錢思·莫羅、金柏莉·莫羅以及他們的五個孩子。從那時起到現在，莫羅一家始終堅持著他們的金錢大翻身。

　　幾年前，我們的年收入是三萬五千美元，卻深陷在五萬六千美元的卡債中。我們每個月的最低付款額高達一千兩百美元！我們遇到了一位財務規劃師，他告訴我們得花上四十年才能還清債務。我們感到很絕望，債務也持續累積，並繼續使用信用卡支付生活所需，諸如食品雜貨，以及任何突發事件，比方車子維修。

　　錢思開始收聽《戴夫·拉姆齊秀》，但他花了一段時間才讓我心不甘情不願地開始跟著聽。我很快就意

識到戴夫有一份有效的計畫，而從我們兩個都開始對此感到興奮的那一刻起，就沒有回頭路了！

那年聖誕節，我們原本計畫要用錢思的獎金支票買一棵漂亮的聖誕樹，但當我們意識到這張支票不到一千美元時，我們決定豎起形同查理·布朗一樣骨瘦如柴的那棵舊聖誕樹。而那筆錢，則被我們使用在踏出第一小步。

我們立刻停止使用所有信用卡，並設定了一個目標，要在第一年內還清一萬美元。我們依循白紙黑字的預算過日子，這是我們有史以來首次這麼做。我們盡可能縮減了所有非必要的開支，無論多小筆都一樣。錢思跟我發了瘋似地超時工作，我們還辦了兩次車庫大拍賣，幾乎賣掉所有的東西。到了第二年的聖誕節，我們已經超越了目標，還清了一萬四千美元。

錢思決定更加把勁去兼第二份差，每週有五天的晚上他會去送披薩。這樣的工作行程很瘋狂，但與此同時，我們也不斷地在對債務進行攻擊！我們接受了金錢大翻身挑戰，好讓我們能積極保有動力。

然後我們突然頓悟：如果我們把房子賣掉——我們住起來也已嫌擁擠——我們就可以用房屋的售後淨值還清所有債務。我們聽從了戴夫的建議，準備把房

子賣掉。那兩個月充滿了血淚與汗水，但是當我們準備俱全後，在一個月內就簽訂合約。我們不僅還清了債務，還有足夠支應六個月生活的緊急預備金。

然後，我們接到了一通電話——我們打進了這場挑戰的決賽，我們要去亞特蘭提斯度假村了！對於我們的努力來說，這是一個無以復加「幹得好」的時刻。在亞特蘭提斯度假村，當戴夫宣布我們贏得了這場挑戰時，我們相當震驚，畢竟現場有那麼多優秀的決賽者。

我們將部分的獎金捐給了我們的教會、帶孩子去旅行慶祝；其餘的則是作為買房頭期款的儲備金。但是，比起那張支票，我們更大的收穫是生活的改變。如隊友般並肩努力，令人難以置信地鞏固了我們的婚姻關係，我們的孩子日後也不會有被債務束縛的記憶。最棒的是擁有一份計畫所帶給我們的平靜。要是在從前，如果我們贏得了五萬美元，我們只會愚蠢地花掉它，然後懊惱地想著錢都去哪了。

開始金錢大翻身的四年後，我們就把所有的債務還清了，包括新買的房子，比財務規劃師的估計整整提早了三十六年。

然而，並非所有的祝福都僅止於財務上。從亞特

蘭提斯回來後不久，錢思受洗為基督徒。這與戴夫的事奉以及我們所走上的這趟旅程有直接的相關性。錢思並與他從嬰兒時期後就再也沒見過面的二十一歲兒子團聚。當時錢思的財務狀況，已經足以讓他毫無顧忌地搭上飛機去看他的兒子班恩，因為他知道我們負擔得起這筆費用。為了慶祝，錢思、班恩和我們十歲的兒子傑特，今年夏天一同回到亞特蘭提斯度假村旅遊。誠如戴夫所言：當你能忍人所不能忍時，你真的可以過上人所不能及的生活。

我們還是繼續用著那棵老舊的聖誕樹，它已經成為一種象徵，象徵著我們的成就、我們本身的轉變，以及我們為家庭命運所做的改變。

戴夫在為我們簽《躺著就有錢的自由人生》這本書時，節錄了《羅馬書》十二章二節的「轉變」。我們遵循戴夫的計畫去做——而這真的是上帝的計畫——我們確實轉變了。這是一場美好的財務、人際關係、以及靈性的轉變。

我們希望讓所有人都知道他們可以獲得財務上的平靜。我們分享了我們的故事，希望其他人能看到這真的有可能發生，而所有的努力都是值得的。

金柏莉與錢思・莫羅
（皆為四十歲）
家庭主婦；
電信技師

預算表格

一份健康的財務計畫中必備的主要元素

	需要執行的行動	執行日期
白紙黑字的現金流計畫		
遺囑以及／或是遺產規劃		
減債計畫		
節稅計畫		
緊急預備金		
退休金		
大學基金		
捐贈用基金		
教導孩子		
壽險		
醫療險		
失能險		
車險		
房屋險		

我（我們）＿＿＿＿＿＿＿＿＿＿，是負責任的大人，在此承諾於上述日期，展開上述行動，以便為我自己（我們）以及家人帶來財務上的健全。

簽名：＿＿＿＿＿＿＿＿＿＿　日期：＿＿＿＿＿＿＿＿＿＿
（善存錢那一方）

簽名：＿＿＿＿＿＿＿＿＿＿　日期：＿＿＿＿＿＿＿＿＿＿
（善花錢那一方）

✐ 消費者淨值表單

項目／說明	價值	−負債	＝淨值
房產 _____			
房產 _____			
車子 _____			
車子 _____			
手頭的現金			
支票帳戶			
支票帳戶			
儲蓄帳戶			
儲蓄帳戶			
貨幣市場帳戶			
共同基金			
退休計畫			
股票或是債券			
儲蓄型保險			
家用品			
珠寶			
古董			
船隻			
無擔保債務（減項）			
卡債（減項）			
其他 _____			
其他 _____			
其他 _____			
總計			

🍂 收入來源

來源	金額	期間 / 說明
薪資 1		
薪資 2		
薪資 3		
獎金		
自營收入		
利息收入		
股利收入		
授權金收入		
租金收入		
有價債券		
贍養費		
未成年兒童家庭援助金		
失業補助金		
社會安全金		
養老金		
年金		
殘障津貼		
現金禮金		
信託基金		
其他 _____		
其他 _____		
其他 _____		
總計		

　　你收入裡的每一塊錢都應該要分配到這張表單的類別下。「剩下的」錢也應該要被歸在某個類別裡，即便你得再新創一個類別也一樣。你現在是在花錢之前，事先做好決定。幾乎每個類別（債務除外）都應該要有一些金額。舉例：如果你事先沒有規劃要換掉傢俱，那你換新傢俱的時候，就會造成壓力或者需要借貸，所以現在就要事先計畫儲蓄。真的有人告訴過我，他們即使沒有衣服可穿也沒關係。喔，拜託！要小心自己的一廂情願，要讓這些數字是確實可行的，你不能讓急用取代掉重要的花費。

　　在「小計」下面填入每個子類別的金額，以及每個大類別的「合計」。第一個月後，在「實際花費」那個欄位，填寫上你在該類別實際花費或儲蓄的金額。如果計畫跟現實中的落差很大，就得要做出退讓。你要嘛就是把分配到某個領域的金額調高或調降，否則就是要控制好你在該類別的花費。

　　「占可支配收入的％」指的是該類別占可支配收入的百分比；比方說，你在「住」這類別上的花費占了可支配收入的百分之幾？接著，我們會把你的占比和「建議比例」的表單做比較，以判斷你是否需要考慮調整你的生活方式。

　　標有＊的項目代表你應該要使用「信封系統」（把現金放在標有不同項目的信封裡）。

在你存到相當於三到六個月生活開支的金額之前，所有的儲蓄都應該要放進緊急預備金。

註解：當你愈來愈接近還清債務這個目標時，儲蓄金額應該要隨之增加。
提示：及早儲蓄，替聖誕節以及其他禮品做準備，你就可以用同一筆錢買
　　　得更划算，並送出更好的禮物。

- 從下頁起，會有一共三張的「每月現金流計畫」表單。
- 用這些表單作為你的零基預算表單，這種預算需要每幾個禮拜就檢核一次。
- 多印幾份，要夠製作一年份的預算，讓你可以發展出正確的財務管理習慣。

⚡ 每月現金流計畫

預算項目	小計	合計	實際花費	占可支配收入的 %
慈善捐贈				
存款				
緊急預備金				
退休基金				
大學基金				
住房				
初級房貸				
次級房貸				
房屋稅				
房屋險				
維修費				
傢俱換新				
其他＿＿＿＿				
基本生活開支				
電費				
水費				
瓦斯費				
電話費				
垃圾清潔費				
網路費				
* 餐飲				
* 菜錢				
* 餐廳				
交通費				
車貸				
車貸				
* 油錢				
* 維修以及更換 　　輪胎				
車險				
駕照與稅金				
換車				
第一頁合計				

⑦ 每月現金流計畫

預算項目	小計	合計	實際花費	占可支配收入的 %
＊衣物				
＊兒童				
＊成人				
＊洗衣／清潔				
醫療／健康				
失能險				
醫療險				
就醫				
牙醫				
眼科				
藥物				
個人				
壽險				
兒童照護				
＊褓姆				
＊衛生用品				
＊化妝品				
＊護髮品				
教育／成人				
學校學費				
學校雜支				
子女教育費				
贍養費				
訂閱費				
組織會費				
禮品 （含聖誕禮物）				
雜項				
＊隨意運用的 $$				
第二頁合計				

🖐 每月現金流計畫

預算項目	小計	合計	實際花費	占可支配收入的 %
休閒				
＊娛樂				
度假				
債務（希望都是 0）				
Visa 卡 1				
Visa 卡 2				
萬事達卡 1				
萬事達卡 2				
美國運通卡				
加油卡 1				
加油卡 2				
百貨公司卡 1				
百貨公司卡 2				
金融機構 1				
金融機構 2				
信用額度				
學生貸款 1				
學生貸款 2				
其他 _____				
其他 _____				
其他 _____				
其他 _____				
其他 _____				
第三頁合計				
第二頁合計				
第一頁合計				
總計				
家庭總收入				

建議比例

　　我用了幾份不同的資料以及我個人的經驗發展出這一份比例上的建議指南。但是，這只是一個建議比例，如果你的收入非常高或是非常低，你的比例會與這份建議有極大的出入。比方說，如果你的收入很低，你的生活必需品花費所占的比例就會很高；如果你的收入很高，生活必需品花費所占的比例就會比較低，也希望你的存款（而非債務）比這裡建議的比例高。

項目	實際可支配收入的 %	建議比例
慈善捐贈		10-15%
存款		5-10%
住房		25-35%
基本生活開支		5-10%
餐飲		5-15%
交通費		10-15%
衣物		2-7%
醫療／健康		5-10%
個人		5-10%
休閒		5-10%
債務		5-10%

✎ 支出分配計畫指南

　　這張工作表就是你的努力開始要替你帶來一些平靜的時候。你會利用這份「支出分配計畫」，將每月現金流計畫從理論付諸執行到生活中。注意：如果你的收入不規律，比方說你是自營業者或是收佣金者，那你在審視過你的支出分配計畫後，應該還要使用「非常態收入計畫。」

　　這張表有四個欄位，讓你可以分配一個月內四份不同的收入。每欄都是一個發薪週期。如果你們家只有一份收入，而發薪週期是每月兩次，那你就只會使用到兩欄。如果你們夫妻倆人都在工作，其中一人是週薪制，另外一人是每兩週發一次薪，那就在你們都會領到薪水的那週，把這兩份薪水加起來，然後再列出另外一份薪水就行了。在發薪週期的欄位放上日期，然後將那個週期的收入填進去。當你把收入分配在各個項目上的時候，把剩餘的金額放到斜線的右邊。在我們所舉的例子中，3／1那份薪水是一千美元，我們把其中一百美元分配到慈善捐贈上，在同一欄、斜線的右邊就會剩下九百美元。有些帳單在每個發薪週期都會出現，有些則不會，每幾期才會出現一次。舉例來說，你可能每份薪水都需要用來支付「汽車油錢」，但只有在第二個發薪週期才需要繳電費。

　　這張表也是你每月計畫的最高潮，其重點在於要在收到薪水之前，把你全部的薪資都分配、或者是「花掉」。我不管你把錢分配在哪裡，但是要在收到錢之前把錢都分配好。現在所有的緊繃感、危機一般的症狀都被移除了，因為你都計畫好了。不再是跟著危機或是衝動做管理，那些比較容易衝動的人應該要把更多的錢分配到「隨意運用」這個類別。至少你現在是有目的地去用，而非還弄不清狀況前就花掉了。你填入的最後一格，其斜線的右邊應該要是「0」，代表你將所有的收入都做好分配了。

　　標有＊的項目代表你應該要使用「信封系統」。

　　在你存到相當於三到六個月生活開支的金額之前，所有的儲蓄都應該要放進緊急預備金。

🥐 支出分配計畫範例

		發薪週期：	**3 / 1**			
項目						
收入			1,000			
慈善捐贈			100 / 900	__/__	__/__	__/__
存款				__/__	__/__	__/__
緊急預備金（1）			50 / 850	__/__	__/__	__/__
退休基金			__/__	__/__	__/__	__/__
大學基金			__/__	__/__	__/__	__/__
住房						
初級房貸			725 / 125	__/__	__/__	__/__

	發薪週期： _____	_____	_____	_____
項目				
收入	_____	_____	_____	_____
慈善捐贈	__/__	__/__	__/__	__/__
存款				
緊急預備金	__/__	__/__	__/__	__/__
退休基金	__/__	__/__	__/__	__/__
大學基金	__/__	__/__	__/__	__/__
住房				
初級房貸	__/__	__/__	__/__	__/__
次級房貸	__/__	__/__	__/__	__/__
房屋稅	__/__	__/__	__/__	__/__
房屋險	__/__	__/__	__/__	__/__
維修費	__/__	__/__	__/__	__/__
傢俱換新	__/__	__/__	__/__	__/__
其他 ____	__/__	__/__	__/__	__/__
基本生活開支				
電費	__/__	__/__	__/__	__/__
水費	__/__	__/__	__/__	__/__
瓦斯費	__/__	__/__	__/__	__/__
電話費	__/__	__/__	__/__	__/__
垃圾清潔費	__/__	__/__	__/__	__/__
網路費	__/__	__/__	__/__	__/__
* 餐飲				
* 菜錢	__/__	__/__	__/__	__/__
* 餐廳	__/__	__/__	__/__	__/__
交通費				
車貸	__/__	__/__	__/__	__/__
車貸	__/__	__/__	__/__	__/__

🕐 支出分配計畫

	發薪週期： ＿＿＿	＿＿＿	＿＿＿	＿＿＿
＊油錢		＿／＿	＿／＿	＿／＿	＿／＿
＊維修以及更換輪胎		＿／＿	＿／＿	＿／＿	＿／＿
車險		＿／＿	＿／＿	＿／＿	＿／＿
駕照與稅金		＿／＿	＿／＿	＿／＿	＿／＿
換車		＿／＿	＿／＿	＿／＿	＿／＿
＊衣物					
＊兒童		＿／＿	＿／＿	＿／＿	＿／＿
＊成人		＿／＿	＿／＿	＿／＿	＿／＿
＊洗衣／清潔		＿／＿	＿／＿	＿／＿	＿／＿
醫療／健康					
失能險		＿／＿	＿／＿	＿／＿	＿／＿
醫療險		＿／＿	＿／＿	＿／＿	＿／＿
就醫		＿／＿	＿／＿	＿／＿	＿／＿
牙醫		＿／＿	＿／＿	＿／＿	＿／＿
眼科		＿／＿	＿／＿	＿／＿	＿／＿
藥物		＿／＿	＿／＿	＿／＿	＿／＿
個人					
壽險		＿／＿	＿／＿	＿／＿	＿／＿
兒童照護		＿／＿	＿／＿	＿／＿	＿／＿
＊褓姆		＿／＿	＿／＿	＿／＿	＿／＿
＊衛生用品		＿／＿	＿／＿	＿／＿	＿／＿
＊化妝品		＿／＿	＿／＿	＿／＿	＿／＿
＊護髮品		＿／＿	＿／＿	＿／＿	＿／＿
教育／成人		＿／＿	＿／＿	＿／＿	＿／＿
學校學費		＿／＿	＿／＿	＿／＿	＿／＿
學校雜費		＿／＿	＿／＿	＿／＿	＿／＿
子女教育費		＿／＿	＿／＿	＿／＿	＿／＿
贍養費		＿／＿	＿／＿	＿／＿	＿／＿

🖐 支出分配計畫

	發薪週期： ___	___	___	___
訂閱費	__/__	__/__	__/__	__/__
組織會費	__/__	__/__	__/__	__/__
禮品（含聖誕禮物）	__/__	__/__	__/__	__/__
雜項	__/__	__/__	__/__	__/__
＊隨意運用的 $$	__/__	__/__	__/__	__/__
休閒				
＊娛樂	__/__	__/__	__/__	__/__
度假	__/__	__/__	__/__	__/__
債務（希望都是 0）				
Visa 卡 1	__/__	__/__	__/__	__/__
Visa 卡 2	__/__	__/__	__/__	__/__
萬事達卡 1	__/__	__/__	__/__	__/__
萬事達卡 2	__/__	__/__	__/__	__/__
美國運通卡	__/__	__/__	__/__	__/__
加油卡 1	__/__	__/__	__/__	__/__
加油卡 2	__/__	__/__	__/__	__/__
百貨公司卡 1	__/__	__/__	__/__	__/__
百貨公司卡 2	__/__	__/__	__/__	__/__
金融機構 1	__/__	__/__	__/__	__/__
金融機構 2	__/__	__/__	__/__	__/__
信用額度	__/__	__/__	__/__	__/__
學生貸款 1	__/__	__/__	__/__	__/__
學生貸款 2	__/__	__/__	__/__	__/__
其他 _____	__/__	__/__	__/__	__/__
其他 _____	__/__	__/__	__/__	__/__
其他 _____	__/__	__/__	__/__	__/__
其他 _____	__/__	__/__	__/__	__/__

非常態性收入計畫

　　許多人有非常態性收入。如果你是自營業者或是靠著佣金或授權金過活，要規劃支出就會有困難，因為你並非總能預測到會有多少收入。但你還是應該要把這些表格都做一做，除了支出分配計畫表以外。每月現金流計畫會告訴你每個月需要賺到多少才能過日子、或者是讓經濟狀況愈變愈好，而這些實際的數字對於設定目標是很有用的。

　　你一定要做一件事，就是把每月現金流計畫上的項目按照重要程度排出優先順序。我再說一次：按照重要的程度，而不是緊急的程度。你應該要問自己，**如果我的錢只夠做一件事，會是什麼事**？然後再問問自己：**如果我的錢只夠再做另一件事，會是什麼**？以此類推一路往下列。現在準備好堅定自己的立場，因為有些事情僅是因為很緊急，就會顯得好像很重要。儲蓄應該要是優先的項目。

　　第三欄「累積金額」是該項目上方所有項目金額的加總，如此一來，如果你有一份兩千美元的收入，你就可以看到你的優先等級列表可以走多遠。

項目	金額	累積金額

🖉 存款的細項

等到你存到完整的緊急預備金之後，你可以為一些特定的項目存錢，像是傢俱、換車、房屋維護或是衣物，而你的存款結餘也會成長。這張表是為了要提醒你這些錢都是有目的的，而不是為了讓你知道你現在「有錢」了，就可以衝動地花在去夏威夷度假上。你每個月要一塊錢、一塊錢地跟上這份存款的細項規劃。

項目	每月結餘：			
緊急預備金（1）	1000 美元			
緊急預備金（2）	3 到 6 個月			
退休基金				
大學基金				
不動產稅				
房屋險				
維修費				
傢俱置換費				
車險				
換車用基金				
失能險				
醫療險				
就醫				
牙醫				
眼科				
壽險				
學費				
學校學費				
學校雜費				
禮品（含聖誕禮物）				
度假				
其他 _____				
其他 _____				
總計				

雪球式還款

　　按順序將你的債務從最小筆或是離還清差額最小的開始，全部羅列出來。不要管利息或是期數，除非有兩筆債務的金額差不多，這種情形的話，就把利息高的那筆擺在前面。先把小筆的債務還清會讓你快速獲得回報，也比較有可能繼續按部就班地執行這份計畫。

　　你每還清一筆款項就重新做一份清單，這樣，你就可以看出你離自由有多近了。舊的清單你就拿來作為你付清貸款的房子廁所裡的壁紙吧。「最新還款額」的算法是，原本用於償還其他筆債的錢挪來償還這筆債的加總金額，於是你很快就能還清這筆債務。「剩餘還款額」是你開始滾雪球時，該項目尚餘的還款額。「累積剩餘款」是包括雪球在內，所有債務需要還的款；換句話說，就是不斷更新的「剩餘還款」總額。

通往自由的倒數計時！

項目	債款金額	最低還款額	最新還款額	剩餘還款額	累積剩餘款

雪球式還款

項目	債款金額	最低還款額	最新還款額	剩餘還款額	累積還款額

債務比例

　　如果你無法按照貸方要求的金額還款，那你應該要對他們一視同仁。即便那些很混帳的貸方，你也要還他錢，而且還給每個人的錢愈多愈好。有很多貸方都可以接受一份白紙黑字的還款計畫，並且給你特別的優惠，只要你跟他們溝通，不厭其煩地溝通，並有陸續拿錢出來還給他們。我們有些客戶便使用這個方式，即便每次只還兩塊美元，撐了好幾年。

　　比例的意思是「他們那一份」：即所有債務中，每個貸方所占的比例。這會決定你要還他們多少錢，接下來，每個月把這份表單上的預算跟還款支票一起寄過去，即便貸方表示沒意願接受也一樣。

項目	債款金額	總負債	＝百分比	× 可支配收入	最新還款額
＿＿＿	＿＿＿	/ ＿＿＿	= 0.＿＿＿	× ＿＿＿	= ＿＿＿
＿＿＿	＿＿＿	/ ＿＿＿	= 0.＿＿＿	× ＿＿＿	= ＿＿＿
＿＿＿	＿＿＿	/ ＿＿＿	= 0.＿＿＿	× ＿＿＿	= ＿＿＿
＿＿＿	＿＿＿	/ ＿＿＿	= 0.＿＿＿	× ＿＿＿	= ＿＿＿
＿＿＿	＿＿＿	/ ＿＿＿	= 0.＿＿＿	× ＿＿＿	= ＿＿＿
＿＿＿	＿＿＿	/ ＿＿＿	= 0.＿＿＿	× ＿＿＿	= ＿＿＿
＿＿＿	＿＿＿	/ ＿＿＿	= 0.＿＿＿	× ＿＿＿	= ＿＿＿
＿＿＿	＿＿＿	/ ＿＿＿	= 0.＿＿＿	× ＿＿＿	= ＿＿＿
＿＿＿	＿＿＿	/ ＿＿＿	= 0.＿＿＿	× ＿＿＿	= ＿＿＿
＿＿＿	＿＿＿	/ ＿＿＿	= 0.＿＿＿	× ＿＿＿	= ＿＿＿
＿＿＿	＿＿＿	/ ＿＿＿	= 0.＿＿＿	× ＿＿＿	= ＿＿＿
＿＿＿	＿＿＿	/ ＿＿＿	= 0.＿＿＿	× ＿＿＿	= ＿＿＿
＿＿＿	＿＿＿	/ ＿＿＿	= 0.＿＿＿	× ＿＿＿	= ＿＿＿
＿＿＿	＿＿＿	/ ＿＿＿	= 0.＿＿＿	× ＿＿＿	= ＿＿＿
＿＿＿	＿＿＿	/ ＿＿＿	= 0.＿＿＿	× ＿＿＿	= ＿＿＿

big 384

躺著就有錢的自由人生：從擺脫負債到安穩退休的理財 7 步驟

作　　者——戴夫·拉姆齊（Dave Ramsey）
譯　　者——陳映竹
資深主編——陳家仁
企　　劃——藍秋惠
協力編輯——巫立文
封面設計——木木林
版面設計——賴麗月
內頁排版——林鳳鳳

總 編 輯——胡金倫
董 事 長——趙政岷
出 版 者——時報文化出版企業股份有限公司
　　　　　　108019 台北市和平西路三段 240 號 4 樓
　　　　　　發行專線—（02）2306-6842
　　　　　　讀者服務專線— 0800-231-705、（02）2304-7103
　　　　　　讀者服務傳真—（02）2302-7844
　　　　　　郵撥— 19344724 時報文化出版公司
　　　　　　信箱— 10899 臺北華江橋郵局第 99 信箱
時報悅讀網— http://www.readingtimes.com.tw
法律顧問—理律法律事務所 陳長文律師、李念祖律師
印　　刷—勁達印刷有限公司
初版一刷— 2022 年 7 月 8 日
定　　價—新台幣 420 元
（缺頁或破損的書，請寄回更換）

Total Money Makeover by Dave Ramsey
Total Money Makeover © 2013 by Dave Ramsey
Complex Chinese language edition published in agreement with RamseyPress, through The
Artemis Agency.
Complex Chinese edition copyright © 2022 by China Times Publishing Company
All rights reserved.

時報文化出版公司成立於一九七五年，並於一九九九年股票上櫃公開發行，於二
○○八年脫離中時集團非屬旺中，以「尊重智慧與創意的文化事業」為信念。

ISBN 978-626-335-483-8
Printed in Taiwan

躺著就有錢的自由人生：從擺脫負債到安穩退休的理財7步驟/戴夫.拉
姆齊(Dave Ramsey)著；陳映竹譯. -- 初版. -- 臺北市：時報文化出版企
業股份有限公司, 2022.07

336 面；14.8x21公分. -- (big；384)

譯自：The total money makeover : a proven plan for financial fitness.

ISBN 978-626-335-483-8(平裝)

1.CST: 個人理財

563

111007484